日本国債は国の借金ではなく通貨発行益であることを証明する

Japanese Government Bonds
are Not Equal to Government Debt
but are the Equivalent to
Seigniorage

岩崎真治
Shinji Iwasaki

講談社エディトリアル

日本国債は国の借金ではなく通貨発行益であることを証明する

目次

まえがき……8

第一部

国は、国民に貨幣を供給できるが、国民から借金はできない

第一章

日本銀行は単独では貨幣を供給することはできない……14
中央銀行の歴史……20
2種類のお金《かね》がある……25
政府紙幣及び通貨発行益について……34
政府がもつ強力な権限……37
国債と株……42
政府紙幣の具体的な発行方法……45

第二章

銀行の信用創造 48
国債発行は、マネーサプライ及び金融資産の増加になる 56
国債は永久に発行し続けることができる 60
貨幣供給はすでになされたあと、今さらインフレにはならない 64

第三章

「資金循環統計」を用いて国債は国の借金ではないことを証明する 67
一国の資金循環について、より深く考える 81
高度成長期のマネーサプライ増加の姿 82
安定成長期から現代へ 84
お金(貨幣量)は生産より先に増えなければならない 86
アジア通貨危機 89
貯蓄=投資 94

補足

政府は自国の国民から借金することは不可能 99

第二部

日本国民は1千兆円もの所得を喪失してしまったことを証明する

第一章
市場原理の限界 …… 113
生産現場の変化と、製造業就業者数の減少 …… 117
生産性のパラドックス …… 125
市場原理の限界点 …… 126
需要不足 …… 128
デフレとは …… 130
フィリップス曲線とインフレ …… 132

第二章
数量ベースの生産性と、金額ベースの生産性 …… 138
ミクロの欠陥をマクロが是正する …… 141
根本的解決策は、「労働力不足」状態をつくること …… 146

ワークシェアリング……147
モノの生産とサービスの生産の区別……148
経済現象と自然現象の違い……151
本当の生産能力は「製造業就業者数」に表れる……153
モノがなければ他の産業は成り立たない……156
産業の空洞化とアジアからの輸入……161
ミクロとマクロの違い……165
再び、ミクロとマクロの違い……168
国際競争力……172
我が国の失われた所得は1千兆円以上……174
豊かさは国外へ流出する、しかし流出させない方法がある……177

第三章

人間は生産より貨幣を重視する……181
設備投資は今後上向くことはない……184
新製品が生まれない……190
コブ=ダグラス型生産関数……193

技術進歩の形 197
最新の技術進歩は、人間の能力節約型 198

第三部

未来への課題

生産を見よ、貨幣を見るな 204
経済は人間がつくったものであるから、人間がコントロールしなければならない 207
資本主義とは 209
カジノ資本主義 212
主流派経済学(フリードマン以後のマネタリズム、新古典派経済学、新自由主義など) 214
幼少年期に植え込まれる固定観念 223
民主的国民国家では、政府が行動しなければ豊かな社会は実現しない 225
ケインズ 227
格差について 230
構造改革 232

先人の遺産 …… 234
哲学 …… 239
これからの展望 …… 242
注釈 …… 245
あとがき …… 254

まえがき

長年、生産現場に身を置き、機械部品を造る仕事をしてきた私にとっては、経済が停滞するということは非常に奇妙で不思議なことだと感じられる。

生産現場（機械製造部門）においては、生産力の向上に停滞は全くない。ただただ進歩し発展しつづけるばかりである。

最も一般的な工作機械である旋盤では、30年以上前からコンピューターを内蔵したNC旋盤が急速に普及した。加工の形状が複雑で製造数量も多い時に、NC旋盤はそれまでの旋盤と比べて圧倒的な生産力（数十倍もしくはそれ以上）を発揮する。

他の工作機械についても同様であり、さらに新たなコンピューター式工作機械が開発されて普及し、日本の生産力は飛躍的に増大した。コンピューターが生産に幅広く導入されるようになったことだけをとっても、生産力に革命的な増大が起きたといえるのである。そして、その期間はちょうど、日本経済が停滞し衰退しつづけてきた時期と重なるのであるが、このことを我々はどのように考えればよいのだろうか。

本来、日本経済は衰退するはずなどなかったのである。我々は途方もない勘違いをしたために衰退するという過ちをおかしてしまったのである。

経済について研究しようとする者、あるいは経済学者達は、部屋にこもって研究や分析に没頭するのではなく、足繁く生産現場に通って、この数十年間の生産力の増大の様相をつぶさに眺めていれば、現在のような事態には陥らなかったことだろう。

なぜなら、経済とは「生産」であり、経済の発展とは「生産の増大」であるからだ。

幸運にも私は長年、生産現場に身を置きつづけてきた（若い頃に経済学を学ばなかった）ことで、本当の経済の仕組みを知ることができたようである。

「貨幣」を経済の中心に据える考え方ではなく、「生産」こそが経済の実体であるとする思考形式によって、日本経済を捉え直す作業を、本書では行っていくことにしよう。

著者

装幀——相京厚史（next door design）

第一部

国は、国民に貨幣を供給できるが、国民から借金はできない

第一章

日本国債は、国の借金であると多くの人々は思い込んでいるが、これは間違いである。

一国の経済が成長する過程にあっては、必ず世の中に出回るお金の量（マネーサプライ）は増加しなければならない。もし増加しなければ、経済の成長は達成されない。

その経済成長に必要な貨幣の供給を、政府は国債の発行という借金の形をとって行ったのである。なぜなら、中央銀行による貨幣供給制度においては、貨幣（銀行券）の供給は、中央銀行の国債買取りによってしか行えないからである。

したがって、もし国債が存在しなければ、中央銀行による貨幣の供給は不可能であり、言い換えれば政府が国債を発行したからこそ貨幣の供給が実行できたのである。経済の発展、生産の増大に必要な貨幣を世の中に供給したという意味において、政府の国債発行は借金ではない。

図表①を見るとわかるように、戦後の日本は急激に、しかも極めて高率の経済成長を成し遂げた。日本全体の生産量を表わす国内総生産（名目ＧＤＰ）は、１９５５年に８・６兆円であったが、42年後の１９９７年には５２１兆円と約60倍に増大している。

これは生産されたモノやサービスの量が60倍に増えたことを示している（ただし物価上昇分は差し引いていない）。

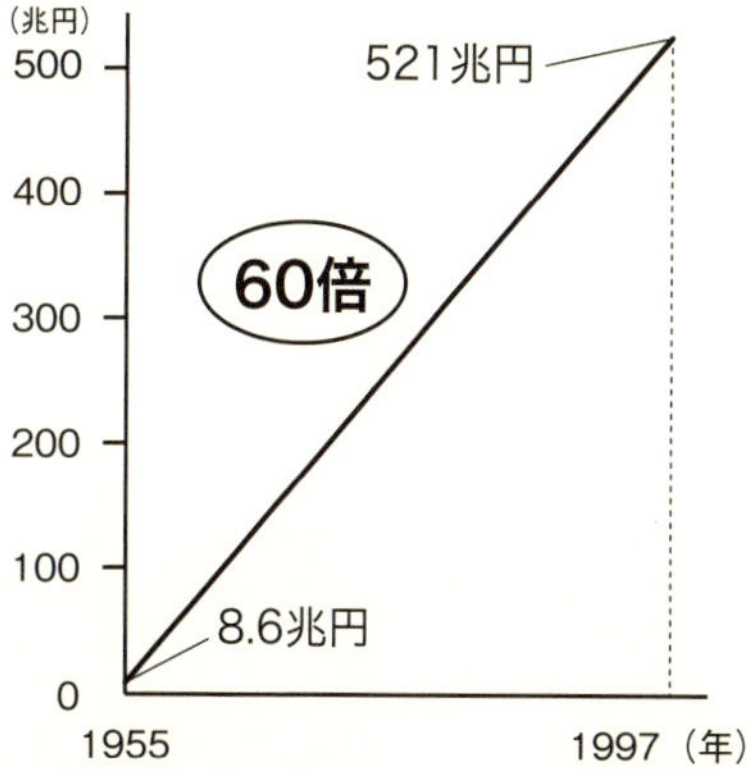

図表①：名目GDP
―― 内閣府「国民経済計算確報」

モノやサービスの量が増えた以上、当然これらのものを取引き（売り買い）するうえで必要な貨幣量も増えなければならない。生産量が60倍になったということは、一国全体に流通する貨幣量も当然60倍にならなければならない。

図表②を見るとわかるように、現実においても、戦後の１９５５年から１９９７年までの42年間でマネーサプライは、５６０兆円以上増えて、１３２倍になっているのである（経済が発展すると、中間取引が複雑化、多様化するので、モノ、サービスの最終価格の合計額であるＧＤＰより、マネーサプライの方がはるかに増加する）。

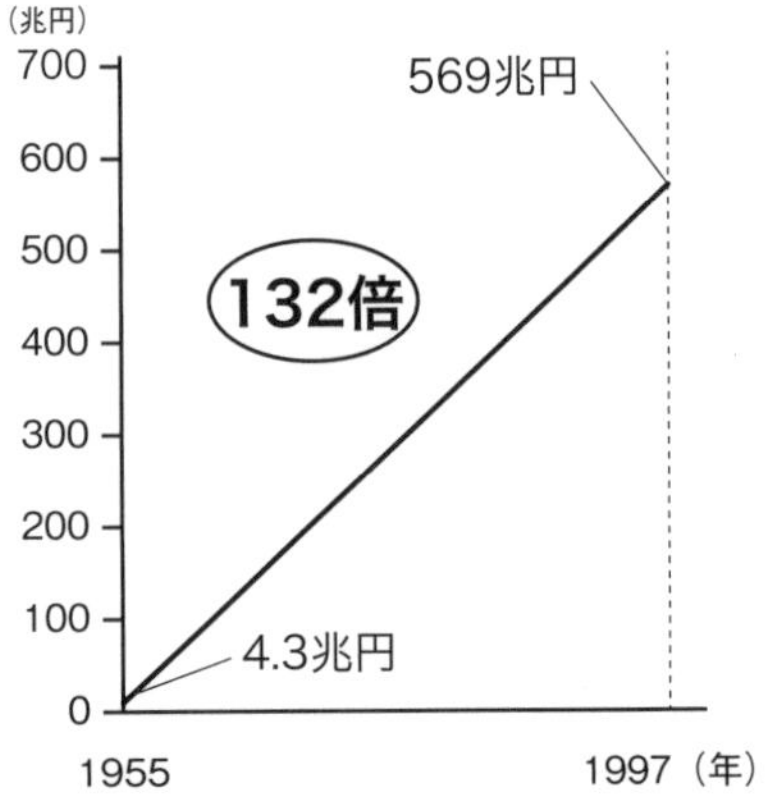

図表②：マネーサプライ（M2＋CD）の推移
――日銀「マネーサプライ統計」

もし、仮に、60倍の経済規模になりながら、貨幣量が全然増えないか、増えてもわずかであったなら、この国の経済はいったいどのようになっていただろうか。

生産活動、商取引、及び金融サービスに至るまで、すべての経済活動において、貨幣の不足が生じ金融が逼迫し、激しいデフレーションを惹起して、結局GDP60倍の経済成長は達成されることはなかったはずである。したがって、戦後日本の経済成長期にあっては、世の中に出回る貨幣量は必ず増えなければならなかったのである。

「日本銀行は単独では貨幣を供給することはできない」

それでは、42年間で132倍になるほどの驚異的な量の貨幣の供給は、いったい何によってもたらされたのだろうか。誰がどのような方法を用いて供給したのだろうか。

それは中央銀行である日本銀行（日銀）が、日本銀行券（お札）を発行したことにより、大量の貨幣の増加が成し遂げられたと多くの人々は考えているだろうが、実際には正しくない。

なぜなら、日銀は単独では銀行券を発行することができないからだ。日銀には、印刷機を回してお札を刷り、これを社会に直接供給するということはできないのである。

旧日本銀行法第32条（→245ページ注①）には、「日本銀行は銀行券発行高に対し同額の保証を保有することを要す」と定められている。その保証物件としては、手形や、国債その他の債券、地金銀、外貨などが挙げられている。

当然のことであるが、手形や債券は発行する側にとっては負債であるが、これを取得した側にとっては資産になる。日銀が手形や債券を買い取れば、それは日銀にとって資産となるのであるが、その買い取る時に日銀は世の中に銀行券を発行することができるのである。すなわち、手形、債券と引き換えに相手に銀行券を渡すのである。

したがって、保証物件（手形、債券などの資産）を買い取ることがなければ、日銀は永久に銀行券を発行することはできない。このことは非常に重要なことであって、まず最初に世の中の誰かに負債を発行してもらい、次に日銀はその負債を買い取ることによって銀行券を発行することができるということである。

もし仮に世の中の誰も負債を発行しなければ、日銀は買い取る物件が何もないことになるので、銀行券を発行することはできない。要するに、日銀は世の中の誰かに協力（負債を発行するという協力）をしてもらわなければ銀行券を発行することができないのである。その意味で日銀は単独では銀行券を発行することができないのである。言い換えれば日銀は単独では世の中に貨幣を供給することができないのである。

それは問題ないではないか。世の中では絶えず経済活動が行われているのだから、手形や債券を発行する者はいくらでもいる。日銀にとって買い取るべき負債はいくらでも存在しているではないかと言うであろう。

それでは、もう一度図表②を見ていただきたい。42年間でマネーサプライ（M２＋ＣＤ）は１３２倍に増加し、その増加した額は５６０兆円を超えているのであるが、不思議には思わないだろうか。

手形は長くても数ヵ月で返済される。債券（社債など）でも、せいぜい数年か10年程度で返済されるのである。返済されれば、日銀がせっかく発行した銀行券は再び日銀に戻ってくる。

これでは日銀は、手形、債券を買い取っては銀行券を発行し、手形、債権が返済されて銀行券は再び日銀に戻り、ということが繰り返されるだけであり、マネーサプライは増えることはなかったはずである。どうして560兆円超、132倍の増加が可能だったのだろう。

季節的な貨幣量の調節程度であれば問題はない。たとえば、ボーナス期であるとか、納税期間であれば、世の中の現金需要は高まるから、日銀は一時的に銀行から手形、債券を多めに買い取って現金を供給しておくということはできる。

しかし、民間が振り出す手形、債券の買い取りだけで、長期的に貨幣量（マネーサプライ）を増加させることはおよそ不可能であるだろう。

それでは、もっと別の種類の負債、容易には返済されることのない負債が、しかも大量に世の中に出回っていなければならない。そのような負債として適格なものは国債以外にはない。

国債は、発行ロットが大きいので、日銀は一度に大量の国債を買い取ることができる（→245ページ注②）。その上、政府は発行した国債についてはほとんど償還（返済）することはないので、銀行券が再び日銀に戻ることもない。日銀は、市中から国債を買い取っては銀行券を発行するという方法を用いて、戦後の42年間にマネーサプライを132倍に増加させ、なおかつ、そのことによってGDPを60倍に増大させることを可能にしたのである。

すなわち、国債発行という政府の協力があったから、日銀は戦後の経済成長に必要な膨大な量の貨幣の供給を行うことができたのである。

日本は、戦後経済が著しく成長し、モノ、サービスの生産量が飛躍的に増大したのである。その増大したモノ、サービスを取引するためには貨幣量の増加は欠くことのできないことであった。

そして、モノ、サービスの増大分に対応する貨幣量の増加分は、プラスでなければならないはずであった。当然プラスの価値をもつ貨幣でなければならなかった。

ところが、日銀はその制度上（旧日銀法32条の制約）、貨幣を発行するためには、世の中に存在する負債を買い取らなければならないのであり、その負債として最も適格なものは国債であった。経済の成長、生産の増大に対応して貨幣量を増加させるために、日銀は政府に税収以上の歳出、すなわち借金（国債発行）をしてもらうことによって貨幣の供給をしたのである。

このことによって起きたことは、一国の経済成長、生産の増大分に等しい政府の借金の積み重ね（国債残高）であった。言い換えれば、マイナスの価値をもつ貨幣を発行したのである。

戦後から今日に至るまでの日本に起きたことは、経済の成長、発展であった。政府が国民

図表③：貸借対照表（2009年度末）

単位：億円

資産		負債および純資産	
科目	金額	科目	金額
金地金	4,412	発行銀行券	773,527
現金	3,301	預金	234,985
買現先勘定	49,833	政府預金	30,186
国債	730,661	売現先勘定	116,515
社債	1,722	退職給付引当金	1,932
金銭の信託（信託財産株式）	14,255	債券取引損失引当金	22,433
貸出金	357,839	外国為替等取引損失引当金	7,945
外国為替	50,227	負債の部合計	1,187,969
代理店勘定	193		
国際金融機関出資	152		
預金保険機構住専勘定拠出金	1,000		
新金融安定化基金拠出金	200	資本金	1
政府勘定保管金	621	法定準備金	26,599
未収利息	1,394	特別準備金	0.1
有形固定資産	2,214	当期剰余金	3,671
無形固定資産	1	純資産の部合計	30,272
資産の部合計	1,218,241	負債および純資産の部合計	1,218,241

『日本銀行の機能と業務』（日本銀行金融研究所編　38ページ）

から借金をするなどということは起きていない。政府は自国民から借金をすることは、理論上不可能である（99～105ページの「補足」を参照）。要するに、中央銀行である日銀の制度や仕組み上、政府が借金をするという形をとる以外に貨幣供給の方法がなかっただけなのである。

　ところでなぜ日銀は金融資産を買い取らなければ銀行券を発行することができないのだろうか。

　非常に奇妙に思われるだろうが、日銀（中央銀行）が発行した銀行券は、日銀にとって負債になるからである。日銀のバランスシート（貸借対照表、図表③）を見ると銀行券は確かにバランスシートの負債側に記載されている。

これを理由として、もし日銀が資産を買い取らないまま銀行券を発行するか、あるいは買い取った資産の価値以上の銀行券を発行した場合、日銀のバランスシートは資産額より負債額の方が大きくなってしまう。

そうすると、日銀は負債を抱え込んでしまうことになるのであり、それは一国の中央銀行としては許されることではない。なぜならその負債は最終的には国民の税によって埋め合わせなければならなくなるからだ。したがって、日銀は必ず発行銀行券と同額の資産を保有しなければならないのである。

それではなぜ、日銀（中央銀行）は銀行券をバランスシートの負債側に記載するのであろうか。

中央銀行の歴史

これについては、中央銀行の起源（↓245ページ注③）とその後の歴史について知る必要がある。

19世紀に、ヨーロッパの先進国は相次いで中央銀行を創設した（日本の中央銀行である日本銀行の創設は1882年)。

この当時、各国は金《きん》本位制を採用していたことにより、中央銀行は金と一定の比率で交換できる紙幣である兌換《だかん》銀行券を発行した。国内の金を保有する者の多くは金を中央銀行に預け、代わりに兌換銀行券を受け取り、これを商取引に使用したのである。また、兌換銀行券を中央銀行に持ち込めば、金と交換することができた。

したがって兌換銀行券は、中央銀行に金を預けたという証明書と同じものであった。このような金本位制下では、中央銀行のバランスシート上、資産側に金が記載され、負債側に銀行券が記載されるのは、ごく当然のことであった。

しかし、この記載の仕方は、後に金本位制から管理通貨制に移行しても、継続されることになるのである。あとで説明するように、ここに大きな落とし穴があった。

次に重要なことは、中央銀行が発行する兌換銀行券の総額は、当然、保有する金の量に制約される。金の量が増えなければ、国内の貨幣量も増えることはない。すなわち、生産が増大しても、貨幣量は容易には増加しないというジレンマが起きることになる。

1929年に、ニューヨークで株価が大暴落したことに端を発して、やがて、世界大恐慌へと発展したが、これは金本位制という貨幣量の増加を妨げる仕組みが原因であった。19世紀以降の産業革命による生産の増大に対して、貨幣量の増加が、金の制約によって追いつかなかったのである。

世界全体に存在する金の量には限りがあるうえ、新たに産出される金の量もごくわずかでしかない。このように希少な金の総量に発行銀行券の総額が制約される金本位制に基づいていたのでは、貨幣量の増加は不可能であり、経済の発展は著しく阻害されるしかなかった。

したがって、このような状況から脱するために、先進各国は１９３０年代に相次いで金本位制を離脱して管理通貨制へと移行したのである。

管理通貨制は、中央銀行が保有する資産を金のみに限定するのではなく、他の金融資産（手形、債券など）も保有資産に加えることによって、発行する銀行券を飛躍的に増加させる制度であった。

さて、金本位制から管理通貨制に移行することによって、中央銀行は兌換銀行券を廃止して、金との交換義務のない不換銀行券を発行することになった（不換銀行券は現在我々が使用している紙幣）。

このことによって、中央銀行は、金の保有量に制限されることなく、事実上銀行券をいくらでも発行することができるようになり、貨幣量は大幅に増加して経済の発展成長を支えたのである。

<管理通貨制>

資産	負債
金 手形 債券 その他	発行銀行券

<金本位制>

資産	負債
金	発行銀行券

図表④：中央銀行のバランスシートの変化

まさに管理通貨制によって、戦後、先進各国はいずれも著しい経済成長を達成したのであり、わけても日本の経済成長は驚異的なものであった。

ただし、図表④の中央銀行のバランスシートの変化を見てもわかるように、管理通貨制になっても、銀行券は依然として負債側に記載されている。すなわち、中央銀行にとって銀行券が負債であることに変わりはない。このことは非常に重要である。

金本位制から管理通貨制に移行することによって、「銀行券をいくらでも発行することが可能になった」と述べたが、この部分には説明を付け加える必要がある。金本位制にあっては、中央銀行の保有する資産は金のみであったが、管理通貨制になると、金以外に手形や債券も保有資産として加えることができるようになり、保有資産の幅が広がることによって、発行する銀行券の総額もそれだけ増加することになったということである。

したがって、「銀行券をいくらでも発行することが可能になった……ただし、発行する銀行券と同等の金以外の資産（言い換えると世の中に存在する負債）を保有することによって」と付け加えなければならない。無条件でいくらでも発行できるようになったのではない。

大量に銀行券を発行するためには、民間の手形や債券の保有では追いつかないので、当然国債を保有することになる。

すなわち、中央銀行は貨幣を供給するために、政府の負債を要求することになる。ここに、我々は中央銀行がもつある限界に気付くのである。それは、バランスシートの縛りである。

中央銀行は、金本位制から管理通貨制に移行することによって、金の縛りから脱することはできたが、しかし、バランスシートの縛りからは依然として抜け出せなかったということだ。中央銀行も銀行であるので、機能、及び業務形態は一般の銀行と同じであり、バランスシートを根幹に据えて業務を遂行する。バランスシートのない銀行、中央銀行は存在しない。そこで起きることは、銀行券を発行するという行動の反対側に必ず資産（国債）の保有という行動が伴うことだ。

そして国債を保有するためには、政府が国債を発行しなければならない。経済が成長発展し、それに応じて貨幣量を増加させる時、中央銀行による貨幣供給方式を維持するのであれば、それだけ政府は国債を発行しなければならないのである。すなわち、経済が成長すればするほど国の借金は積み上がるという制度、仕組みになっているのである。

『日本銀行の機能と業務』（日本銀行金融研究所、有斐閣、2011年、5ページ）に「日本銀行はわが国における唯一の発券銀行として、銀行券を独占的に供給しており、この銀行券は『法貨として無制限に通用する』（日本銀行法第46条2項）」とある。このような文章を読むと、あたかも日銀は単独で銀行券を供給する能力があるような印象を受けるが、その印象は事実とは違うのである。

2種類のお金《かね》がある

現在の日銀による貨幣供給の方法をわかりやすく示すと次のようになる。

政府の国債発行＋日銀の市中からの国債買取り　↓　銀行券発行（貨幣の供給）

決して次のような方法ではない。

日銀の銀行券印刷　↓　銀行券発行

右のように、お札を印刷してそれをそのまま世の中に送り込む方法は政府にのみ与えられた権限であり、日銀（中央銀行）には与えられていない。政府によって発行される貨幣は政府紙幣と呼ばれ、次のような方法で発行される。

政府による政府紙幣の印刷　↓　政府紙幣発行

すなわち、政府は何ら保証物件を取得することなく直接紙幣を発行することができる。なぜなら、政府による政府紙幣発行には、バランスシートを伴わないからだ。

以上のように、お金には中央銀行が発行する銀行券と、政府が発行する政府紙幣の2種類がある。

多くの人々は、銀行券と政府紙幣を混同しているようである。

金本位制から管理通貨制に移行し、兌換銀行券が不換銀行券に変わり、銀行券をいくらでも発行できるようになったと思った時点で、人々は、銀行券は政府紙幣と同等になったと勘違いしたのではないだろうか。

しかし、両者の発行方法は全く異なるのである。それは保証物件を取得するかしないかの違いである。銀行券の場合には国債発行という政府の負債（借金）が必要になるが、政府紙幣の場合には、政府は借金をする必要はない。政府は保証物件を買い取ることなく直接的に政府紙幣を発行するからだ。

したがって、政府紙幣には通貨発行益（シニョリッジ）が発生する。政府紙幣を発行すると、紙幣の額面からこの紙幣製造に要した経費（紙代、印刷代）を差し引いた金額が、発行者である政府の収益となる。この収益を通貨発行益という（一万円札であれば製造経費は、一枚につき約16円であるので、10000円－16円＝9984円になる）。

一方、銀行券には通貨発行益は発生しない（→246ページ注④）。発生しないどころか銀行券は、発行者である中央銀行の負債になる。

よって次のことが言える。

戦後の日本の経済成長過程にあって、今日に至るまでの大量の貨幣供給を、日銀による銀行券ではなく、政府による政府紙幣発行方式によって行っていたなら、現在までに累積する国債残高800兆円と、その他の公的債務を合わせた1千兆円という膨大な額にのぼる国の借金は存在していないことになる。日本政府は借金をしていないことになるのである。

これは、「政府は自国の国民から借金をすることはできない」（99〜105ページ「補足」を参照）という原理と整合性がある。政府は自国の経済活動に対して、貨幣を供給することはできるが、借金をすることはできないのである。

以上のことから、我々は、ただ単に貨幣供給方式を間違えてしまったために、借金が積み上がってしまったということになるのであり、現在ある借金は、しいて言えば見かけ上の借金にすぎないということである。

国（政府）の借金1千兆円は、政府が民間に向けてこれだけの貨幣を供給したという記録でしかない。国債残高のうち、日銀保有分の国債は、これだけ銀行券を発行したという記録であり、民間保有分の国債は、これだけ国債という金融資産を民間に供給したという記録である。

政府にできることは、自国の経済発展にふさわしい貨幣の供給を行ったかどうかであり、自国民から借金をすることではない。

自国の経済が発展成長していないのに、国債を発行してむだな貨幣供給を行えば、インフレを引き起こすことになる。これは政府による悪しき貨幣供給である。

反対に経済が発展成長しているのに、十分な貨幣供給を行なわなければ、経済は停滞しデフレに陥るだろう。これも政府による悪しき貨幣供給である。

政府は悪しき貨幣供給ではなく適正な貨幣供給を行わなければならないのであり、日本においてはその適正な貨幣供給は、適正な額の国債発行によって達成されたのである。

政府が税収の範囲内で歳出を行っていては、それは民間から吸い上げた資金を再びそのまま民間に戻しているだけであり、これでは世の中の貨幣量は増加することはない。

政府は民間から吸い上げた資金以上に民間に支払うことによって初めて、世の中の貨幣量を増加させることができるのである（現行の日本銀行による貨幣供給方式による限り）。

そして現実に1955年から1997年の42年間にマネーサプライ（M2＋CD）は132倍に増加している。そのマネーサプライの増加を可能にしたものは、国債の発行であり、その前にあるのは財政の赤字である。そして、そのまた前にあるのは経済の成長であり、生産の増大である。

1960年代の半ばから日本の財政は、恒常的に赤字になり、国債を発行し続けてきた。政府の経済政策担当者である政治家、官僚は、意図的に、積極的に赤字を出し続けたわけではないだろう。

しかし、民間の経済活動の発展、膨張が、貨幣量の増大を強力に要求するのであるから、最終的には唯一の貨幣供給機関である政府が、意図に反しながらも赤字を出して貨幣供給の役割を果たすしかなかったのである。

経済成長とは、生産量が増大することである。

生産量の増大に対して貨幣量が増加しなければ、増大した分の生産量は消費されることはない（需要されることはない）。すなわち、需要不足経済に陥る。なぜなら、需要を具体化するものは貨幣であるからだ。

この時、この需要不足を補うものは、政府の税収以上の歳出（財政の赤字）しかない。政府は、公共事業費、社会保障費、地方交付税交付金などを税収以上に支出することによって、追加の需要を生み出すのである。そして、生産（供給）と需要を一致させる。政府の財政赤字は、生産の増大に対応する需要の創出なのである。と、同時に、その赤字額分の国債を民間に金融資産として贈与し、貨幣の供給とする（国民の所得を増加させる）。

国債は貨幣より流動性は低いが、国債市場で容易に貨幣と交換できるので、ほぼ貨幣と同じものと考えられる。

あるいは、日銀の金融調節のための国債買いオペによって、国債は貨幣に変換される。

技術進歩による生産の増大は、とどまることがないので、次の年も貨幣量の不足による需要不足が生じる。したがって、政府は再び財政の赤字を生み出し、生産量と一致する需要をつくり出す。

これが経済成長の実態であり、経済の成長は、絶えず財政の赤字を必要とするのである。ミクロ経済主体（個人、企業）にあっては、収入以上に支出をすれば、不足分は借金によって補わなければならない。この場合、ミクロ経済主体は確実に借金をしたのであり、借金ではないと言い逃れることはできない。

しかし、マクロ経済主体（政府）とミクロ経済主体は決定的に違うのである。なぜなら、マクロ経済主体（政府）は、一国全体の生産の増大に対する需要を調整する役目をもった唯一の公的機関であるからだ。

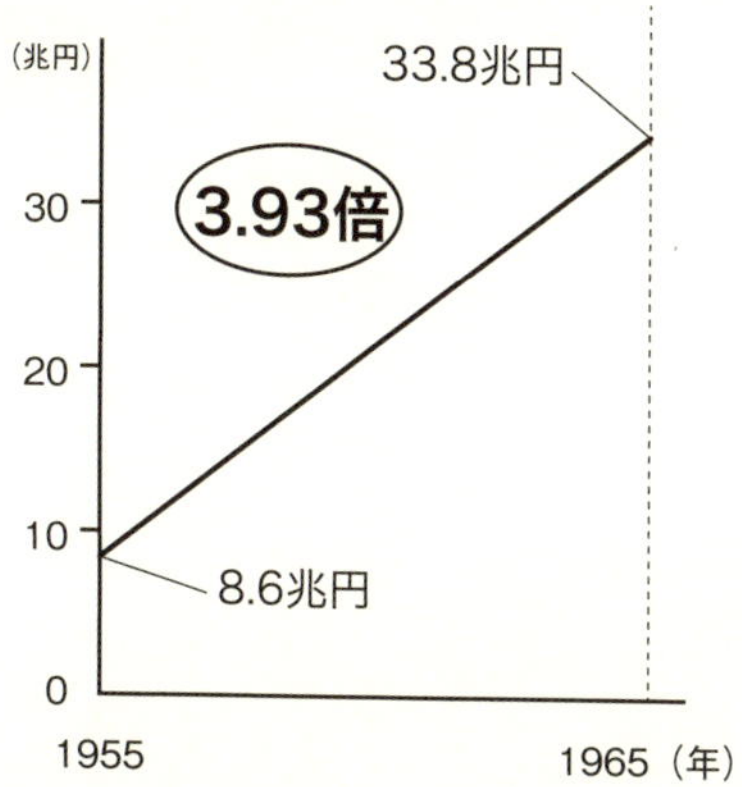

図表⑤：名目GDP
——内閣府「国民経済計算確報」

最初にあるものは生産の増大である。しかも著しい増大である。１９５５〜１９６５年の高度経済成長期に限ると、わずか10年で一国全体の生産規模が、約4倍になるほどのすさまじさである（図表⑤）。何らかの方法を用いてこの生産の増大に貨幣量を対応させなければならない。しかし、お金の量は自然には増えない。しかるべき機関が増やすしかないのである。

ところが、中央銀行は19世紀という生産の増大のほとんどなかった時代に設立されたものであり、当然貨幣量を増加させる制度、仕組みにはなっていない。金本位制はまさに貨幣量が全然増えない制度であった。

管理通貨制に移行してからも、この仕組みは基本的には変わっていない。世の中の負債を買い取ってこれを貨幣に変換する制度であるからだ。生産の増大に見合った貨幣量の増加分は、政府の負債として計上されるからである。

さて、20世紀及び21世紀における科学や技術の目を見張るほどの長足の進歩と、それがもたらす顕著な生産の増大、経済の発展を支えるべき貨幣供給制度が、百数十年も前の制度（中央銀行による貨幣供給制度）のままであってよいのだろうか。もちろんよいはずはない。貨幣供給方式を、現代の経済成長にふさわしいものに切り換えるべきである。その方式は、政府による政府紙幣の発行である。

日本においては、1882年（明治15年）に中央銀行である日本銀行を創設した時、日本政府はそれまで保有していた貨幣を発行する権限を日本銀行に完全に委ねてしまった。これ以後、政府は一度も貨幣（政府紙幣）を発行していない。

政府が貨幣発行の権限をもつことは、悪性インフレの原因になると考える人が多数いる。しかし、そういう人々の頭の中は、おそらく19世紀以前の生産の増大のなかった時代のままなのだろう。

戦後日本の著しい経済成長（1955年から1997年の42年間）に対して貨幣量（マネーサプライM2＋CD）の増加は132倍であったが、この間の消費者物価の上昇は5・8倍に納まっている（総務省統計局「消費者物価指数年報」）。これは年率平均になおすと、4・2％のインフレにすぎない。1970年代の2度のオイルショックによる物価の高騰、及びこの間の賃金の上昇23倍（厚生労働省「労働統計要覧（30人以上の事業所）」）を考慮に入れると、貨幣量の増加を原因とする物価の上昇は、ほとんどなかったと考えられる。

ということは、戦後の日本経済にあっては、生産量の著しい増大とそれに見合った適正な量の貨幣が産業社会、家計の消費社会に向けて送り込まれたということになる。もし、生産量の増大がないまま、貨幣量132倍の増加がなされていたなら、単純に考えて物価の上昇132倍が起きていただろう。

このように考えてみると、日本では生産の増大に見合った調和のとれた貨幣の供給が行われたのであり、本来であるならこの貨幣の供給はプラスの貨幣（政府紙幣）を用いるべきであった。なぜなら、生産量の増大があった以上は、生産量はプラスになったのであり、これを評価する貨幣の種類は、マイナスの貨幣ではなく、プラスの貨幣であるべきだからである。

【政府紙幣及び通貨発行益について】

たとえば次のような文章があるとする。

「20世紀に入って科学、技術が飛躍的に進歩し、生産力が増大してモノやサービスが大量に生産されるようになり、人々はこれらを購入して豊かな生活を送ることができるようになった。」

これは、ごく常識的な誰もが納得する文章で、特に問題はないと思うだろうが、実はこの文章には重大な欠陥、もしくは説明不足があると言わなければならない。

「人々はこれらを購入して豊かな生活を送る……」とあるが、購入する時のお金はいったいどこで手に入れたのか、ということが述べられていない。我々は、物々交換経済ではなく、貨幣経済を営んでいるのだから、モノを買うためには必ずお金が必要だ。

この場合、ある特定の人間が貧しくてお金がないので、モノが買えないということを言っているのではない。あくまでマクロ的な視点に立って述べているのである。

「モノやサービスが大量に生産されるようになり……」とあるように、今まで世の中に存在しなかった製品、サービスが大量に出回り、しかも、ほとんどすべての人がこれらを購入することが可能になるためには、貨幣も今までと比べて大量に増加しなければならない。社会を構成する人々が、それらのモノを買うだけの貨幣を持っていなければならない。

もし、買うだけの貨幣量がなければ、せっかく生産されたモノは売れることはない。売れなければ生産する側は、生産することをやめるだろう。これではいくら科学、技術が進歩しても、経済は発展するはずはない。

モノが大量に生産されるようになった以上は、そのモノが買えるだけの貨幣量を人為的に供給しなければならない。この時、この貨幣量を供給する責任を負う者は、国民からその政治上の権限を依託された政府であるはずだ。他にこの役割を担う機関はない。

政府はその新たに生まれた経済規模に合わせて、新たな貨幣量を政府紙幣によって創り出さなければならない。そうすれば、この社会は増加させた貨幣量の分だけ豊かになる。モノが増えただけでは豊かになることはない。なぜなら、モノが増えてもそれを買うことができなければ、社会は豊かにならないからだ。

したがって、モノが増えたのなら、それと同等の価値の貨幣量を増やさなければならないのである。

その時、貨幣を通貨発行益が生まれる形で発行することによって、社会は本当に豊かになるのである。通貨発行による収益と、モノ、サービスの増加分と両方が合わさって社会は豊かになるのであり、どちらか一方だけでは豊かになることはない。

具体的には、通貨発行益はどのように発揮されるのか。政府は、税収＋政府紙幣発行を予算に組み、これを支出するのである。

公共事業費、社会保障費、地方交付税交付金として支出し、人件費や物品購入費として支出する。すなわち、政府紙幣発行額分をあたかも税収と同じように（本当は税収ではないのであるが）支出し、政府紙幣という貨幣を民間に散布し、貨幣の供給を実現するのである。

こうして、生産能力の増大という事実は、政府紙幣発行額分の豊かさとして具体化するのである。この時、社会には生産能力の増大があるので、貨幣量の増加があってもインフレは起きない。

ところが、この貨幣のもつ豊かさを放棄する行為を政府は長年にわたって続けてきた。政府の行った貨幣供給の方法は国債の発行であった。年々の歳出を税収＋国債発行によって行ったのであるが、日本経済の成長発展による生産の増大に見合った貨幣供給を国債という負の貨幣を用いて行ってしまった。

生産の増大は、実体経済におけるプラスの価値であるはずなのに、政府はこれを貨幣面においてはマイナスの価値として、間違って記録してしまったのである。

政府がもつ強力な権限

政府は非常に強力な権限をもつ。法律を制定する権限をもち、国民から租税を徴収する権限をもち、予算を決定する権限をもつ。警察権を行使する権限をもち、軍隊を保有する権限をもつ……。と数々あるが、もう一つ重要な権限を挙げることができる。それは、貨幣を発行する権限である。

政府は自国の経済を発展、成長させる為に様々な経済政策を行うが、その経済政策の中でも最も根幹をなすものは、貨幣の発行であるはずだ。

ところが政府は、この極めて重要な権限を中央銀行に、いとも簡単に委譲してしまったのである（日本では135年前、1882年）。しかも、135年後の今日に至ってもなお、この権限を中央銀行に委ね続けているのである（ただしこれは日本だけではない。世界のほぼすべての国が貨幣発行の権限を中央銀行に委ねている）。

さて、日本の財政赤字をこれ以上増やさない方法は簡単である。国家予算を税収＋政府紙幣発行によって組み、これを歳出するのである。そしてこの方法を今後継続すればよい。

しかし、それでは政府は安易に紙幣を乱発して、たちまち悪性インフレになるという反論が起きるだろうが、悪性インフレにはならない。なぜなら、日本は膨大な生産能力を保持しているので、それに見合った貨幣量であれば、増加させてもインフレにはならないからである。

現在の日本の生産能力がどれほど膨大なものであるかについては、本書第二部で緻密な検証を展開するが、ここではごく簡単に説明することにしよう。

図表⑥にあるように、日本政府の国債発行額は毎年40兆円を越えており、歳入額の約40％を占めている。

これほど巨額の財政出動を毎年行っても、名目GDP成長率は、1997年以降プラスになるどころか、むしろマイナス傾向にある。一国経済が成長するのではなく、縮小、衰退しているのである。

この状況を見て、多くの経済学者、エコノミストは、もはやケインズ流の財政出動は効果がなくなったとか、あるいは乗数効果が表われなくなったと主張するが、これは間違いである。

財政出動をすれば、必ずそれと同額の需要の高まりと、乗数効果分の需要の上乗せとを合わせた総需要の増加が起きる。これは不変の真理であり、時代によって効果が表われたり表われなくなったりするものではない。

それでは、なぜこれほどの財政出動を行ってもＧＤＰ（国内総生産）が成長しないのか。端的に述べると財政出動が全然足らないからだ。毎年40兆円の国債発行は、一見莫大な額のように感じるが、生産能力の方がそれをはるかに上回って年々成長するので、財政出動のきき目が表われないだけなのだ。

年	歳入（兆円）	国債発行額（兆円）
2010	100.5	42.3
'11	110	42.8
'12	107.8	47.5
'13	106	40.9
'14	104.7	41.3

図表⑥：一般会計公債発行額の推移
—— 財務省「財政統計」

すなわち、日本の国が保有する真実の生産能力は、年間40兆円の財政出動分をはるかに越えているということだ。

一国全体の経済（マクロ経済）は、供給（生産）と需要のバランスによって決定付けられる。ＧＤＰが衰退し、その上デフレに陥ってしまったのは、供給に対して需要が圧倒的に劣っているからであり、それ以外の理由はない。

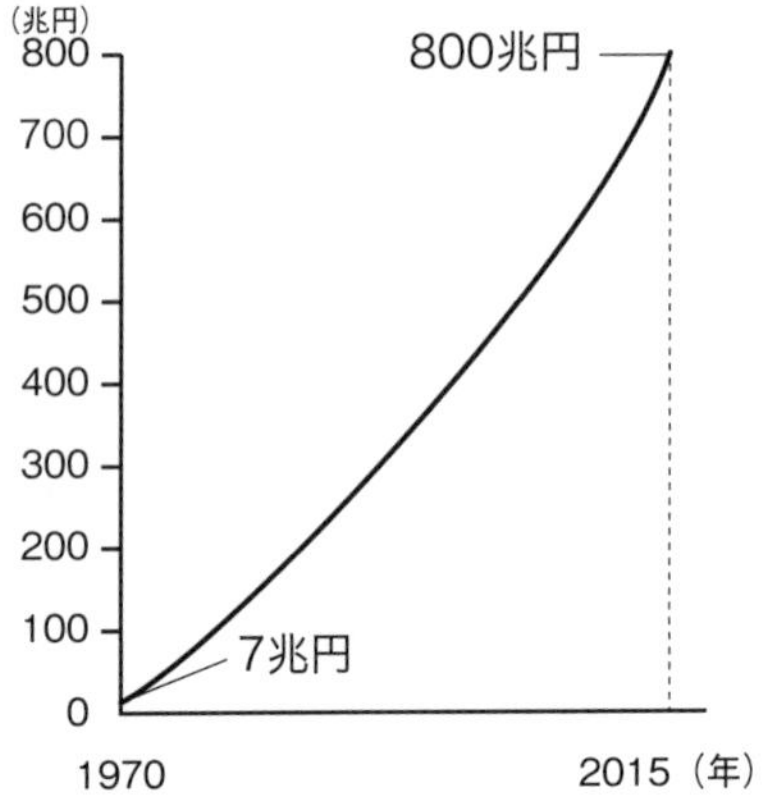

図表⑦：国債残高
——財務省「財政統計」

そしてこのことは、裏返せば、日本全体が保有する生産能力がいかに膨大であるかを証明するものでもある。よって、名目GDP成長率（実質GDP成長率ではない）が上昇し、デフレが解消するまで、これまで以上の国債発行（40兆円の倍の80兆円以上でもよい）によって、財政出動を継続的に行っても、何ら問題はない。

ところが人々は、国債を国の借金と思い込んでいるので、とてもそのようなことをする勇気はない。図表⑦のように、年々国債残高がとどまることなく積み上がっていくのを見て、政府も国民も恐れをなし、これ以上の国債発行による財政赤字に異常に敏感になり二の足を踏むのである。

まさに日本全体が、需要と供給のバランスに関して正常な判断ができない状態に陥ってしまっているのだ。この閉塞した状態を打ち破るためにも、今後は政府紙幣発行に切り換えるべきだ。政府紙幣であれば政府の借金にならないからである。

政府紙幣方式になれば、紙幣発行に歯止めがきかなくなり、悪性インフレを引き起こす懸念があると言うのなら、それを回避する方法はある。政府の貨幣供給が経済成長に見合った適正なものであるかどうかを審査する、政府から独立した機関を設け、これに強力な権限を与えて政府を監視させればよいのである。

これまでに発行した国債については、これは国の借金ではなく、国民の資産であるのでこのままにしておいて問題はない。日銀が国債をすべて買い取って消滅させてしまわない方がよい。

国債は、最も安全な金融資産であり、銀行、保険会社、年金機構などは、これを大量に保有して資金運用を行っているのである。国債がなくなれば、これらの機関が運用する金融資産が大幅に減少してしまい、金融界は大混乱に陥る。なおかつ、中央銀行は国債の売りオペレーション、買いオペレーションによって貨幣量を調節し、金利を適正な水準に誘導する公開市場操作ができなくなってしまう。

以上のように、国債は今日の経済や金融の世界に根強く組み込まれた、なくてはならない金融商品になっているのである。

なお、国債の利子を、政府は毎年約10兆円支払っているが、この10兆円は政府が民間に向けて行う立派な貨幣供給であり、これもなくてはならないものである。

国の一般会計の歳出項目に「国債費」があり、最近は20兆円以上が支出され、国債整理基金特別会計に繰り入れられている。このうち利子支払い分10兆円を除いた10兆円以上は償還分として積み立てられているが、今後、国債は償還する必要がないので、「国債費」は利子分だけ計上すればよいことになる。

【国債と株】

それでは、「政府は国債を返済しなくてもよいのか」という疑問が起きるが、これについて答えることにしよう。

○金融資産〈株〉について考える
株式上場企業は、株を発行して広く世の中から出資を仰ぎ経営資金とする。この場合株を発行した企業は、それによって得た資金を永久に出資者に返済することはない。株は金融資産となって、世の中に流通する（株式市場を通じて）。

もし、株を発行した企業が倒産すれば、その株は無価値になるが、企業が存続する限り、その企業の業績（生産能力）に応じた価値を株はもち続ける。

○金融資産〈国債〉について

政府は当初、国債を返済するつもりで発行したのであるが、返済できないまま今日に至り、多額の国債が金融資産として世の中に流通している。

しかし、日本国は確実に倒産することはないので、国債は、無価値になる心配のない非常に優良な金融資産である。

一企業が倒産することはあっても、日本国が倒産することはない。その理由は、日本国内のいくつかの企業が倒産しても、その他の無数の国内企業が存続し生産活動が続くからである。すなわち日本国債の価値の裏付けは、日本国全体の生産能力である。

政府は、国債を発行し、貨幣を発行（貨幣の発行は日銀と協力して）して世の中に金融資産（お金及びお金に近いもの）を供給した。その全金融資産と日本全体の生産能力のバランスがとれているので、日本は現在インフレになっていない。インフレになっていないので、国債は返済しなくてよい。

もし国債を発行して、インフレになっているのであれば、それは貨幣（金融資産）の過剰

図表⑧：日本国の全金融資産と生産能力のバランス

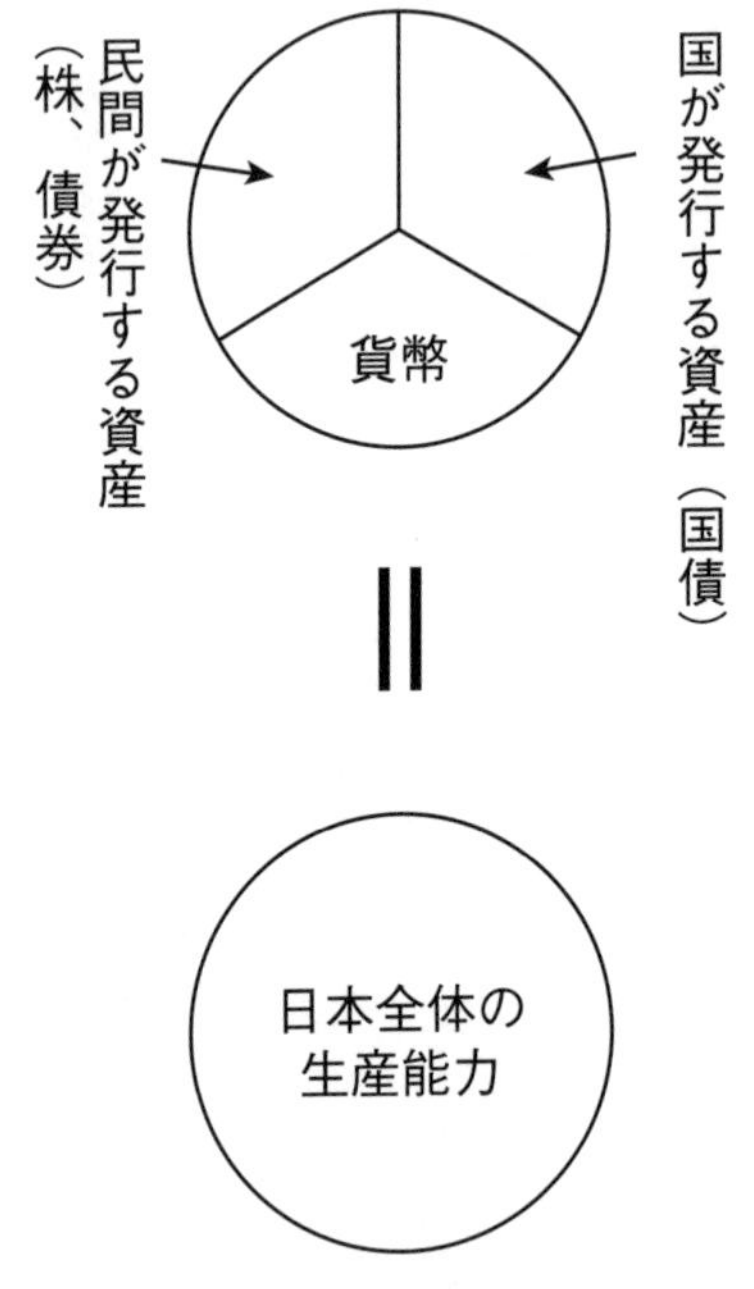

供給であるので、政府は国民に増税を課し、それによって国債を返済して過剰供給を解消しなければならない（過剰な分の国債を消滅させる）。

しかし現在の日本ではその必要はない。よって国債は返済しなくてよい。それは、株を発行した企業がそれによって得た資金を返済しないのと同じことと考えればよい。

政府紙幣の具体的な発行方法

今後、国家予算を組むうえでの歳入を 税収＋国債発行 ではなく 税収＋政府紙幣発行 に切り換えるのであるが、具体的には政府紙幣をどのように発行するのかについて述べることにしよう。

現在、銀行のATM機、自動販売機、駅の券売機、スーパーマーケットのレジなど、現金を扱う機器は、銀行券、及び硬貨のみに対応するように造られている。このような社会状況下で、新たにデザインされた紙幣を政府紙幣として世の中に送り込めば、無用の混乱を引き起こすであろうし、このような紙幣を人々は使用しない可能性が高い。

それでは政府紙幣発行の意義がなくなってしまうので、次のような手法を用いる。

政府は 政府紙幣○兆円 と記入した紙に総理大臣が署名、捺印したものを日本銀行に持ち込み、これを銀行券に両替してもらう。

そうするとこの銀行券は、政府が日銀に開設する政府預金口座に振り込まれる。

政府紙幣○兆円 は、間違いなく政府が発行したお金（↓246ページ注⑤）であるので、日銀は両替を拒否することはできない（このことは日銀の独立性に何ら抵触するものではない）。

また、日銀が発行する銀行券は日銀の負債になる、というよりは、日銀は銀行券を発行するためには、世の中にある負債の買い取りを必要とするが、政府紙幣が両替されて銀行券に変化したものは、世の中の負債を必要としない。総理大臣が、紙に数字を書いて、印を押しただけで生み出されたお金であるので、これは負債ではないからである。したがって、政府紙幣両替分の銀行券はプラスの貨幣となる。

こうして、これからはプラスの貨幣が世の中に出回ることになるのである。

現在、政府紙幣は全く発行されていないので、世の中に出回っているお金はすべてマイナスの貨幣である。つまり、誰かがこれを返済しようとするお金である。

マイナスの貨幣を用いて一国の経済を運営するのであるから、世の中はギクシャクとして、いろいろなところにヒズミが生じてしまうのは、当然のことであるだろう。

さて、今後国債発行から、政府紙幣発行に切り換えることによって、世の中に出回るお金M（マネーサプライのこと）は、M＝マイナス貨幣＋プラス貨幣 という構成に変化することになる。

マイナス貨幣とプラス貨幣が混在するのであり、この両者の占める割合が、金融政策を行ううえで非常に重要になってくる。マイナス貨幣とプラス貨幣の割合が1対1であるのか、

1対2であるのか、2対1であるのかというように。

マイナス貨幣については、これは中央銀行が支配する貨幣であり、日銀は公開市場操作を通じて貨幣量を調節し、金利を操作する。

一方、プラス貨幣は政府が支配し、これを政府の思惑で自由に増減することができる。増やす方は簡単であるが、減らす方も容易にできる。税収より少ない歳出を行えば、その分世の中に出回る政府紙幣を回収することになる。あるいは増税を課し、その増税分は歳出しないという方法でもよい。もし景気が過熱し、インフレになっても、この方法を用いれば容易に経済をコントロールすることができる。

今までは、唯一中央銀行が金融調節を行ってきたが、今後は政府によるプラス貨幣の量の調節が加わり、金融調節は政府と中央銀行の二本立てで遂行され、それだけ幅が広がるのである。

世の中に出回るお金の量Mは、M＝マイナス貨幣＋プラス貨幣であるが、Mの総量も調節しながら、マイナス貨幣の量とプラス貨幣の量の割合も調節し、適正な総量と割合を探ることが大事になってくるだろう。

もちろん、これは政府と日銀の共同作業になるのである。

第二章

「銀行の信用創造」

第一章では、政府の国債発行は、実際は貨幣の供給であったということを述べてきたが、次に、銀行の信用創造（預金創造）について説明することにしよう。

銀行は個人や企業から預かったお金を他の個人や企業に又貸しして、その金利差で主な収益を得る機関であると、一般には考えられているが、実際はそうではない。銀行は受け入れた預金を他に貸しているのではない。銀行は受け入れた預金とは無関係に貸出しをすることが可能である。あるいは、銀行は無から預金を創造することができる。もっと別の表現をすると、銀行は無い金を貸して利子を得ることができる。

これを銀行の信用創造（預金創造）と言う。

初めて聞く人には、非常に奇妙で納得しにくいことであるだろうが、これは事実である。なぜこのようなことができるのかというと、預金者全員がいっせいに銀行から預金をすべて引き出して現金に換えるということは、百パーセントないからだ。

企業や自営業者は、支払いや決済を銀行の預金口座の振替によって行う。また、家計においても給与の口座振込み、光熱費などの口座からの自動引き落としが一般的である。要するに、ほとんどのお金の動きは銀行の預金口座から預金口座への（同じ系列の銀行の口座から口座へ、もしくはほかの系列の銀行の口座への）振替によってなされている。

銀行から預金が引き出されて支払いに使われるのは、預金全体のうちのごく一部であり、家計の小口の買物程度でしかない。

そうしてみると、銀行の側からすれば自行の預金の総額に等しい現金を、常時金庫に貯蔵しておく必要はない。預金総額の一部を現金として保有していれば十分ということになる。これを裏返して言えば、銀行は保有する現金の何倍もの貸出しをすることができるということになるのである（図表⑨）。

なぜなら、銀行は現金を貸出すのではなく預金を貸出すからである。つまり預金を造って

図表⑨：預金取扱金融機関は保有現金の何倍の預金を創造するか

預金合計	1150兆円	現金の144倍
うち流動性預金	439兆円	〃　55倍
現　金	8兆円	

廣宮孝信著『さらば、デフレ不況』（2010年、彩図社）139ページをもとに作表

貸出すのである。これが銀行の預金創造（信用創造）である。

実際の銀行の行動に即して説明してみよう。

銀行Aが企業Bに1億円の融資をするとしよう。銀行Aは企業Bの預金通帳の当座預金口座に1億円を印字する。それと同時に銀行Aの帳簿（バランスシート）の資産側に企業Bへの貸付金1億円、負債側に企業Bの預金1億円が記載される。以上の事務処理だけで1億円の融資は完了する（図表⑩）。

銀行Aは、自行内に1億円の現金が存在するかどうか気にもとめていないし、1億円の現金を特に用意することもない。ただ単に、通帳と帳簿に数字を記入するだけである。

なぜこのような融資の仕方が可能であるのかというと、融資を受けた企業Bは、すぐさま1億円の現金を引き出し、ボストンバッグにつめて会社に持ち帰るということはしないから

である。企業Bはこの1億円で原材料費や従業員への給与の支払いなどを口座から口座への振り替えによって行い、現金化することはほとんどないからだ。

銀行にとっては、小口の現金の預け入れや引き出しはあっても大口の現金の引き出しはほとんどないので、現金の用意はわずかで済むのである。

しかし、銀行はこのようにして次々と融資活動を行っていくと、現金が引き出される機会も多くなるので、次第に保有する現金だけでは不足することになる。その時はインターバンク市場（銀行間で資金の貸借を行う市場）で資金を調達するか、自行が保有する手形や国債を日銀に売却するなどして、現金を補充すればよいのである。

図表⑩：銀行Aのバランスシートの変化

資産	負債
0	0

↓

資産	負債
企業Bへの貸付金1億円	企業Bの預金1億円

そしてこれを元に新たな融資活動（預金創造）を開始するのである（→246ページ注⑥）。

以上、銀行は預金創造機能（信用創造機能）をもつということを説明してきたが、この機能は預金を取り扱う金融機関である銀行、信用金庫、信用組合などにしかない。預金を取り扱わない他の金融機関である保険会社、証券会社、ノンバンクなどには、当然ながら預金創造機能はない。これらの機関は自己が保有するお金しか貸すことができない（無い金は貸すことができない）。

ところで、銀行Aは企業Bに1億円を貸出したが、この時銀行Aは、他の預金者が銀行Aに預けたお金の中から1億円を取り出して、企業Bに貸したのではない。銀行は外から預金を受け入れ、その預金を他に貸しているのではない（又貸しではないということ）。

銀行は貸出しをすると同時に、その貸出額と同額の預金を造り出すのである。なぜならバランスシート上の資産側に貸出金1億円が記載されると、自動的に負債側にも預金1億円が記載される決まりになっているからだ。したがって、1億円を貸出したから預金1億円が生まれたのである。

すなわち銀行は、今まで世の中に存在していなかったお金1億円を預金として造り出したのである。なにもないところから1億円を生み出したのである。無から有を生み出したのである。だからこそ、預金創造（信用創造）と言うのだ。そしてこの時、世の中に出回るお金の量（マネーサプライ）は1億円増えたことになるのである。

預金が創造されたと言っても、それは帳簿の上だけのことで、現実のことではないと言うかもしれないが、そんなことはない。この帳簿上のお金はまぎれもなく現実の支払い、決済に使用されるのであり、(口座の振替によって)現金と全く変わらない働きをするのである。

以上のことから、世の中に出回るお金の量であるマネーサプライ(現金+預金)は、銀行が貸出をすることによって増えるということがわかる。

もし、銀行が全然貸出をしなかったならマネーサプライは1円も増えなかったのである。

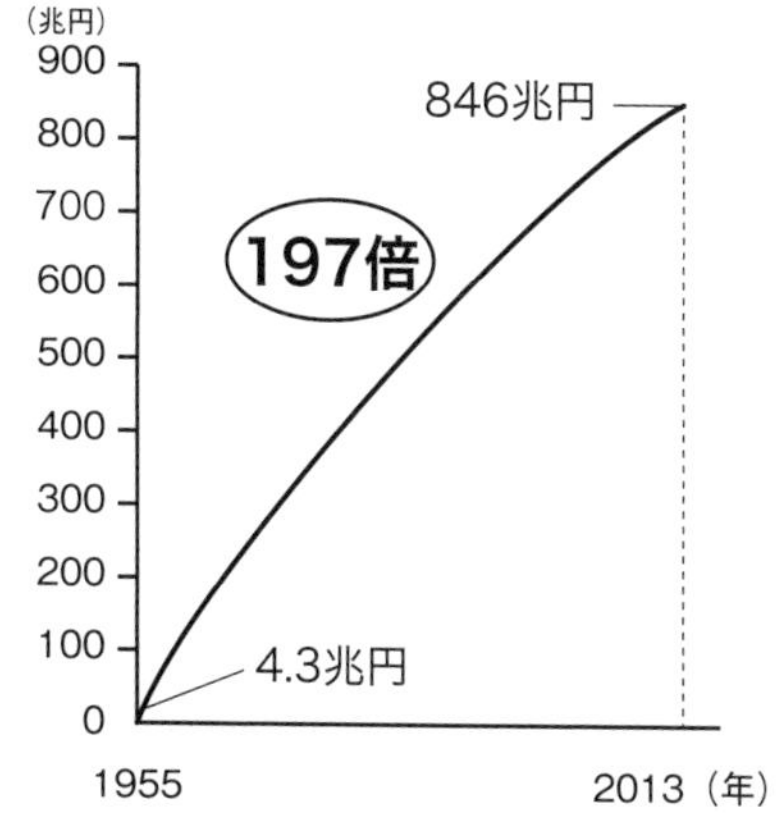

図表⑪:マネーサプライ(M2+CD)の推移
――日銀「マネーサプライ統計」

図表⑪のように、58年間で840兆円以上もマネーサプライが増えたのは、すべて銀行が貸出をしたことによる結果である。

「そんなはずはない。お金は、日銀が銀行券を発行し、世の中に供給したから増えたのではないか」、という反論が起きるだろうが、日銀は世の中に直接銀行券を送り込むことはできない。日銀はあくまで、銀行に銀行券を供給することができるだけであって、それから先はなにもできない。

あとは、各銀行が、供給された銀行券を元に、どれだけ貸出をして、預金創造をするかにかかっているのである（↓247ページ注⑦）。

なお、貸出の反対、銀行にお金が返済された場合には、マネーサプライはその額だけ減少する。これはごく当然のことであって、貸出すことによってマネーサプライが増えたのであるから、その逆の返済という行為によってマネーサプライは減ることになるのである。

吉川洋氏の『マクロ経済学』（岩波書店、２００９年、82ページ）に次のような記述がある。

「マクロ的な預金量、したがってマネーサプライを変化させる最も重要な要因は、銀行など民間の金融機関による貸出し（融資、ローン）である。銀行が貸出しを行うと、銀行のバランスシート上、資産としては貸出しが、また負債としては預金が同額だけ増加する。これに伴い、マネーサプライが増加する。……

逆に個人・企業から銀行への融資返済は、マネーサプライを減少させる。成長をつづけるわれわれの経済では、通常貸出しが返済を上回るからマネーサプライも成長するのである。いずれにしてもマネーサプライの動きを直接左右するのは、日本銀行による日本銀行券（お札）の供給ではなく、民間の金融機関による貸出しである。」

たとえば、ある人が家を買うために、銀行から3千万円を借りると、世の中のお金の量マネーサプライが3千万円増える。これを銀行に返済すると、マネーサプライは3千万円減る。

また、ある企業が工場建設のために銀行から10億円を借りると、マネーサプライが10億円増え、これを返すとマネーサプライは10億円減るということになる。

ただし、銀行以外から借りた場合は、マネーサプライは変化しない。親戚や知人から借りたり、証券を発行して資金を得たりした場合は、お金が右から左に移動するだけであって、マネーサプライは増減しない。

世の中に出回るお金の量マネーサプライは、このようにして増えたり減ったりするのであるが、長期的には増え続けてきたのである（図表⑪）。

お金の量は、一定不変であるわけではないし、また、中央銀行が意図的にお金の量を増やすことができるわけでもない。お金の量は、基本的には、民間の資金需要と銀行の融資活動によって増えたのである。

「国債発行は、マネーサプライ及び金融資産の増加になる」

しかし、このようにお金が増える過程にあって、その最も根元にあるものは国債であり、国債を発行するための財政の赤字である。なぜなら、政府が国債を発行すること自体がお金の供給になるからだ（正確にはお金に近いもの、金融資産の供給）。

政府が国債を発行し、これを民間が買い取ると、この国債は民間にただで支給されたのと同じことになる。なぜなら、国債買い取りによって、民間側から政府に一旦は移ったお金は、予算執行により再び民間側に戻され、しかも民間側は国債という金融資産を保有したままであるからだ。

この国債という金融資産がお金（マネーサプライ）へと変化していく過程を「銀行の預金創造機能」によって説明してみよう。

国債を保有する者の内訳は図表⑫のようになっている。

銀行が国債の40％を保有しているということは、国債が発行されるとそのうちの約40％はただちにお金（預金）に変化していることになる。なぜなら、銀行が貸し出すお金、あるいは資産を買い取るお金はすべて預金創造によって新たに生み出されるからだ。

たとえば、政府が10兆円の国債を発行したとすると、そのうちの40%、4兆円は銀行が買い取ることになるが、その4兆円は今まで世の中に存在しなかったお金（創造された預金）によって支払われることになる。

発行された国債のうち、銀行が買い取って支払った4兆円は、一旦政府に納められるが、一年間の予算執行後、民間に戻されてお金（マネーサプライ）の増加分になる。その上なおかつ、銀行を含めた民間は10兆円の国債を保有したままである。

よって、政府が発行した国債10兆円は、結果的に4兆円＋10兆円＝14兆円となり、14兆円の「マネーサプライ（預金）」と「国債という金融資産」の供給になるのである。

なお、銀行以外の国債保有者である保険・年金基金、その他の金融仲介機関などの買い取り分は、これら買い取った者の所有するお金がそのま

図表⑫：国債等の保有者内訳（2010年9月末）
――日銀「資金循環統計」

○預金取扱機関	40.8%
○保険・年金基金	21.6%
○公的年金	8.7%
○中央銀行	8.9%
○家計	3.9%
○海外	6.6%
○その他	9.6%

国債等は「国庫短期証券」「国債・財融債」の合計

ま政府に移るだけであるので、マネーサプライ増加にはならない。以上は政府の国債発行による貨幣（金融資産）供給の第一段階である。

次に第二段階がある。

ここでは、民間が保有する国債という金融資産は順次お金（マネーサプライ）に変化していく。

銀行は国債を保有し続けるわけではない。そのうちの一部は、中央銀行である日銀が買い取って（国債の9％は日銀が保有）現金（銀行券）を銀行に供給する。銀行はこの現金を元にその何十倍もの預金創造を行うことによって、マネーサプライ（現金＋預金）を増加させる。すなわち、第二段階は、国債が貨幣へと変換される過程である。しかも、元の国債の額より、はるかに多額の貨幣量に変換される。

この第二段階では、経済が好調で民間の資金需要が強ければ、銀行は相当多額の預金創造を行うことができるが、逆に経済が不調であれば、民間に対する預金創造（銀行の貸出）は不活発になる。そうすると、政府は景気を下支えするために、より多く国債を発行して財政出動をする。その国債のうちの4割を銀行が購入するので、その分マネーサプライは増加する。

結局、経済が好調でも不調でも、銀行は同じように相当の預金創造をすることによってマネーサプライを増加させるのである。

1990年代半ば以降、バブル崩壊後の不況とデフレの中で、多くの企業はどんどん銀行借入を返済し、このことによってマネーサプライは、本来は減少するはずであったが、実際には減少せずに増加している（図表⑬。↓247ページ注⑧）。

これは、第一段階の、政府の国債発行と銀行の国債買取りによるマネーサプライ増加（預金創造）を主な理由とするものである。

政府が発行した国債は、このように非常に複雑な過程を経て、国債発行額の何倍ものマネー、及び金融資産となって、民間に蓄積されていくのである。

「マネーサプライ統計」で言えば「M2＋CD」になり、「広義流動性」になるのである。「広義流動性」とは、「マネーサプライ統計」の種類の中でも、最も幅広く金融資産を取り入れたものであり、この中には国債も含まれている（図表⑭）。

図表⑬

1995年	535 兆円
2000年	629 兆円
2005年	705 兆円
2010年	775 兆円

マネーサプライ（M2+CD）
マネーストック（M2）
（日銀ホームページより）

図表⑭

「マネーサプライ統計」の種類

M1	現金、預金
M2+CD	M1、準通貨、譲渡性預金
M3+CD	M2+CD、郵便貯金、 その他の金融機関預金、金銭信託
広義流動性	M3+CD、金銭信託以外の金銭の信託、 投資信託、金融債、金融機関発行 CP、債券現先、 現金担保付債券貸借、国債、FB、外債

↓ お金そのものから次第にその他の金融資産が加えられていく

※ただし「マネーサプライ統計」は2008年より「マネーストック統計」に名称変更。

「国債は永久に発行し続けることができる」

以上のことから、図表⑮のように国債残高が増えれば増えるほど、言い換えれば国債を発行すればするほど、「M2+CD」も「広義流動性」もなお一層増えていくのである。当然どんなに多額の国債を発行し続けても、国債は永久に民間に買い取られ、消化されることになる。

経済学者、政治家、マスコミは、個人金融資産（現在1600兆円）には限りがあるので、いずれ国債は国内での買取りが不可能になる時が来るというのであるが、そんなことにはならない。

そもそも国債の発行自体が民間への貨幣供

図表⑮

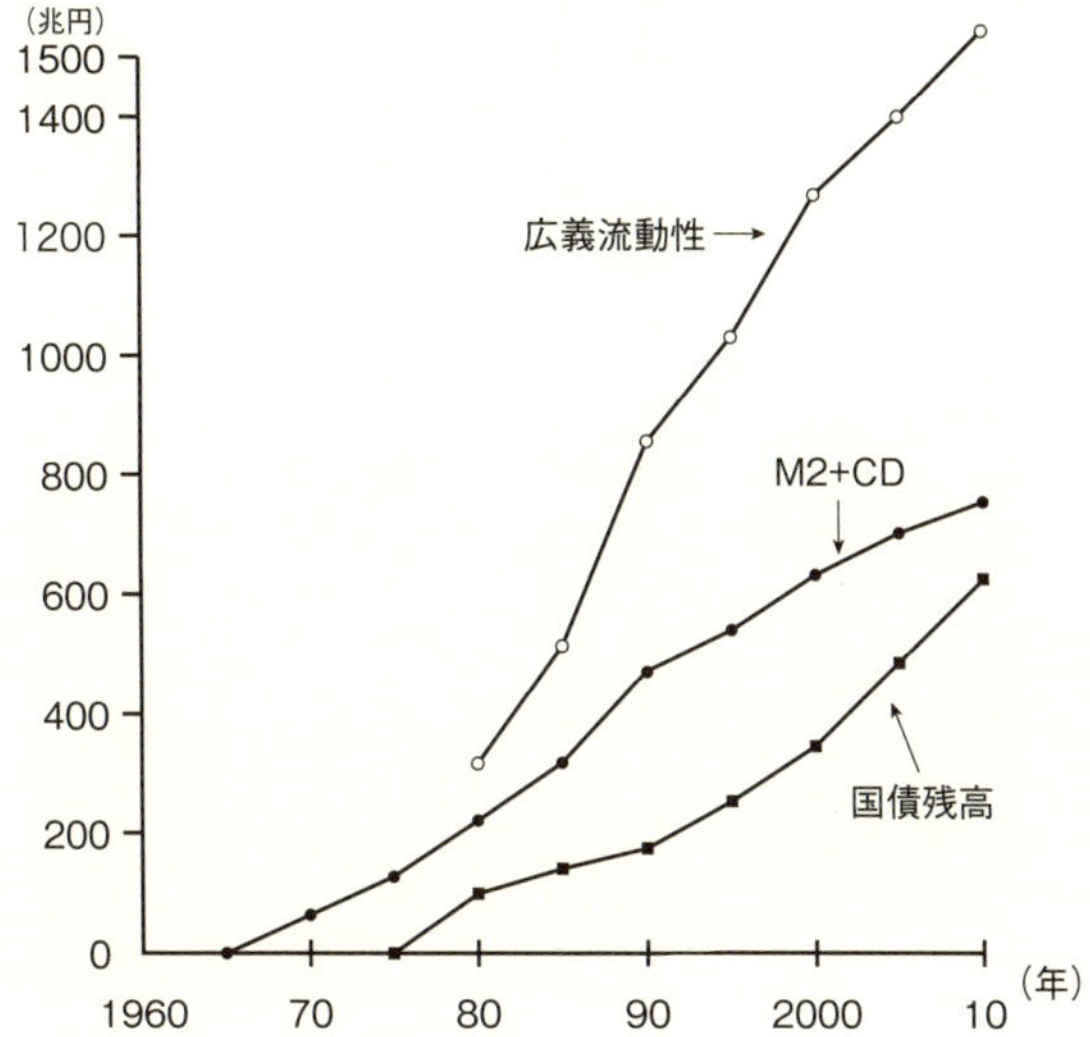

財務省「一般会計公債の推移」、日銀「マネーサプライ統計」より

給(金融資産供給)であるから、政府は民間にお金を与えながら、そのお金で国債を買ってもらい、買ってもらいながら再び民間にお金を与えているのと同じことだからである。

したがって、日本では1万年先までも国債を発行し続けることができるし、どんなに国債残高が膨大な額にのぼっても、買い手(買うお金)がなくなることはない。それ以上に民間の資産が増えるからだ。「銀行の信用創造」という機能がある以上、これらのことは動かすことのできない事実なのである。

だから、日本国債の利率は、常に安定的に低いのである(アベノミクス以前においては。以後は国債の利率はもはや正常とは言えない)。

問題にしなければならないのは、国債発行という貨幣供給を行えば、当然世の中の貨幣量は増加するが、その貨幣量の増加が、一国の生産能力の増大と調和がとれているかどうかである。生産能力の増大以上に貨幣量を増加させればインフレになり、逆に生産能力の増大より少ない貨幣供給であればデフレになる。極端な場合には、生産能力が全然増大していないのに、大量の貨幣を供給(国債発行)すれば、悪性インフレ、ハイパーインフレになり、社会は大混乱に陥る。

結局、政府は国民に対して借金をしたかどうかという問題は存在していない。生産能力と一致調和した適切な貨幣供給を行ったかどうかという事実だけが存在しているのである。

神野直彦著『財政のしくみがわかる本』(岩波書店、2007年、134ページ)に次のような記述がある。

「内国債を発行しすぎて国家破産したという例は、人間の歴史のなかでは一つもありません。第二次大戦中、日本はいまよりもっと多くの借金をかかえていました。しかし、それで破産はしませんでした。どういうふうに返したのかといえば、戦後インフレーションがおこったため、借金は事実上意味がなくなったのです。」

戦争中の国債発行は、日銀が直接引き受けたので、まさに直接的な大量の貨幣供給であった。これによって悪性インフレが起き、国民は塗炭の苦しみをなめたのであるが、国が破産することはなかったということである。それなら、神野氏はもう一歩踏み込んで、破産しない以上、国の借金は借金ではないと言ってもよいのではないだろうか。

もう一つ重要なことは、戦争中は都市や工場地帯が、空襲により壊滅状態になったため、生産能力の著しい低下が起きてしまい、これが悪性インフレの大きな要因になったということだ。

インフレは貨幣量の増大によってのみ起きるのではない。貨幣量と生産能力の両方を原因として起きるのである。

現在、日本はGDPの200パーセント以上という巨大な借金（本当は借金ではない）を抱えているが、インフレになるどころか、むしろデフレ基調である。これは日本が貨幣量の増大以上の生産能力、供給能力を保有しているから、インフレにならないのである（この点については本書第二部で詳しく説明する）。

「貨幣供給はすでになされたあと、今さらインフレにはならない」

さて、国は膨大な財政赤字、すなわち巨大な借金を抱えるという形をとって、実際は世の中に対して、生産能力に見合った貨幣量の供給を行ってきたのであるが、このことによって悪性インフレは起きなかったし、現在においてはむしろデフレぎみでさえある。

借金の形をとった貨幣供給は、だいたい成功した（デフレである以上貨幣供給はまだ不足しているのだが）のであるから、政府はこれらの借金は借金ではないと表明し宣言しても、世の中に何の不都合も変化も起きない。

なぜなら、膨大な量の貨幣供給はすでになされたあとであるので、今さら政府が借金ではないと宣言しても、時間をさかのぼってインフレになることはないからである。借金だと言っても、借金ではないと言っても、事態に何の変化もない。

本来なら、政府が政府紙幣を発行することによって貨幣を供給しなければならなかったのに、政府は頑強にこれをしなかった。あくまで中央銀行に貨幣供給を委ね続けた。このことによって、貨幣供給の方法は、政府の財政赤字が生み出す借用証書（国債）の発行と、これに対する中央銀行の間接的買取りによる銀行券発行という、実に変則的な形式をとる以外になかった。政府紙幣であれば借金にならないのに、わざわざ借金になる方法を選んだのであるからしかたがない。

これは政府の責任回避であったと言える。自分は貨幣供給を中央銀行にまかせたのだから、あとは知りません、うまくいかないのはすべて中央銀行の責任です、と言っているようなものだ。

中央銀行は、バランスシートに縛られた世俗の機関であり、政府はバランスシートに縛られない超世俗の機関であることを忘れている。

政府は他の誰ももたない強権を数々保持しているが、何もないところからお金を生み出す能力ももっているのである。この能力を国民の福祉のために行使しなければならない。それをしないのは、政治の恐るべき怠慢というものである。

日銀がベースマネーを供給することが貨幣の供給であると、一般的には考えられているが、それは間違いだ（アベノミクスは間違い）。日銀が国債を買い取ってベースマネーを供給するのは、マネーサプライの「広義流動性」をマネーサプライの「Ｍ１」「Ｍ２＋ＣＤ」に移し替えているのに過ぎない。

すなわち、利率は高くて流動性の低い金融資産を利率は低いが流動性の高い資産（現金、預金）に移し替えているだけなのである。

中央銀行である日銀は、その役割として、金融調節を行わなければならないのであり、その時々の経済状況に合わせて最も望ましいと思われる金利に誘導するためにこれらの移し替えをする。言い換えるとベースマネーを増減するのである。

中央銀行がもつ能力は、この金融調節程度でしかないのである。

第三章

「資金循環統計」を用いて国債は国の借金ではないことを証明する

日銀が発表する「資金循環統計」という経済指標がある。経済主体を五つの部門に分けて、それぞれの金融資産、金融負債、純金融資産の残高を表にしたものである（ストック表、図表⑯）。

この5部門の金融資産を合計したものから、金融負債を合計したものを引くとほぼゼロになる。あるいは同じことであるが、純資産を合計するとほぼゼロになる。キチッとゼロにならないのは、誤差があったり数字を四捨五入したりしているからだ。

これがなぜゼロになるのかということについては、どの経済学の教科書にも説明がない。

（兆円）

	金融資産	金融負債	純資産
金融機関	2913	−2867	46
非金融法人企業	865	−1216	−351
一般政府	486	−1074	−588
家計	1521	−364	1157
海外	365	−645	−280
合計	6150	−6166	−16

計　−16

図表⑯：日本銀行「資金循環統計」ストック表　2011年

あまりにもあたり前のことなので説明する必要もないということであろうか。しかし、世の中では、ごくあたり前なことの中に重要なヒントが隠されているものだ。

金融資産とは、現金、預金、証券（債券、株式、手形など）、保険、年金などのことである（→247ページ注⑨）。

そして、これらの金融資産は保有する側にとっては資産であるが、発行した側にとっては負債である。証券、保険などが発行した側の負債であることは明瞭であるが、現金、預金が負債であるのはわかりにくい。

預金は、発行した側、すなわち銀行の負債になる。現金も、硬貨は別として、お札（銀行券）は、日銀が発行したものであるから日銀の負債になる。これは一見奇妙に感じられるだろうが、日銀のバランスシートには銀行券は資産側ではなく負債側に記載されているのだから間違いない。

よって、現金も預金も、保有する側にとっては資産であるが、発行した側にとっては負債である。

以上のことを単純化して表現すると次のようになる。

金融資産の総額＝金融負債の総額

このことはいったい何を意味するのかというと、金融負債の保有者が全員いっせいに自分の負債を返済してしまうと、世の中の金融資産はゼロになるということである。

以上のことを「資金循環統計」は証明しているのである。

金融資産のうち、現金と預金は世の中に出回るお金のことだ。このお金も当然ゼロになってしまう。そうなると我々が営む貨幣経済はたちまち崩壊し、消滅する。ただし、全員がいっせいに負債を返済することはないので、金融資産もお金もゼロになることはない。

さて、お金について深く考えていくと、国の借金が生まれた理由がわかる。

そもそもお金（現金と預金）はどのような経緯によって世の中に存在することになったのか。

日本銀行が世の中に送り込んだから存在しているのではない。誰かが銀行からお金を借りたからお金が存在しているのである。誰も銀行からお金を借りなかったなら、世の中には1円のお金も生まれていない。なぜなら、銀行の信用創造（預金創造）によって世の中にお金が生み出されるという原理があるからだ。

したがって、日本が近代国家となり、銀行制度が施行されて、最初に誰かが銀行に行ってお金を借りた時に、初めて世の中にお金が誕生したのである（↓247ページ注⑩）。

ある人が銀行に行って、10万円を借りたとする。そうすると、銀行はこの人の預金通帳に10万円を印字する。と同時に、銀行のバランスシートに図表⑰-Ⓑのように記載をする。

バランスシートのⒶからⒷの変化を見ると明瞭であるが、今まで世の中に存在していなかったお金10万円が、こつ然として誕生しているのであり、これはある人が銀行から10万円を借りたから起きた現象である。

なお、この人が預金10万円のうち1万円を現金として引き出すと、世の中に現金1万円と預金9万円が誕生することになる（図表⑰－Ⓒ）。

このような行為が、過去から現在に至るまで無数に繰り返されてきたことにより、多額のお金が世の中に出回ることになったのである。

したがって次のことが言える。現在（2016年時点）世の中に存在するお金（マネーストックM2で850兆円）はすべて、多数の人々が銀行から借りたから存在しているのである。

そして、その多数の人々が、850兆円をすべて返済してしまうと、世の中に出回るお金は

図表⑰：銀行のバランスシートの変化

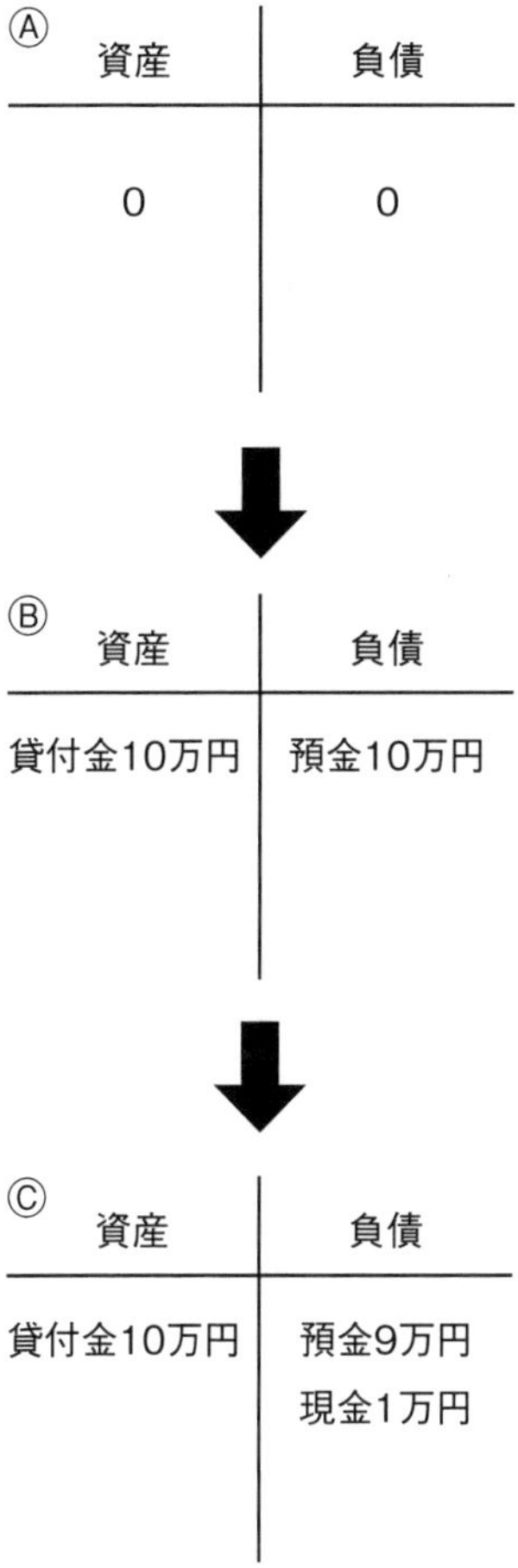

Ⓐ 資産	負債
0	0

Ⓑ 資産	負債
貸付金10万円	預金10万円

Ⓒ 資産	負債
貸付金10万円	預金9万円
	現金1万円

ゼロになる。

これが現行の**中央銀行―銀行**制度によるお金の生み出し方であり、これ以外に方法はない。

ところが、銀行からお金を借りた者は、いつまでも借りたままにしておきたいとは思わない。個人にしても企業にしても、できるだけすみやかに返済して、借金を抱える重圧から逃れようとする。

その中でも特に大口の借金をしている者（主に企業）が、いっせいに借金返済行動を起こすとどうなるか。もちろん世の中に出回るお金の量は、大幅に減少し始めることになる。

資金循環統計のフロー表（図表⑱）を見てみよう。

１９９０年代のバブル崩壊以後の不況とデフレの中で、企業部門はそれまでの借金体質をあらため、いっせいに借金返済を開始した。そして、１９９８年以降はついに資金借入部門から資金余剰部門に転換しているのである。

トータルとしては、１９９０年からの20年間で企業部門は３００兆円にのぼる膨大な額の借金を返済したのであるが、それはそのまま、世の中から同額のお金が減少したことを意味するのである。

そうなれば、一国における生産の量に対して、貨幣量が圧倒的に不足する状況になる。そ

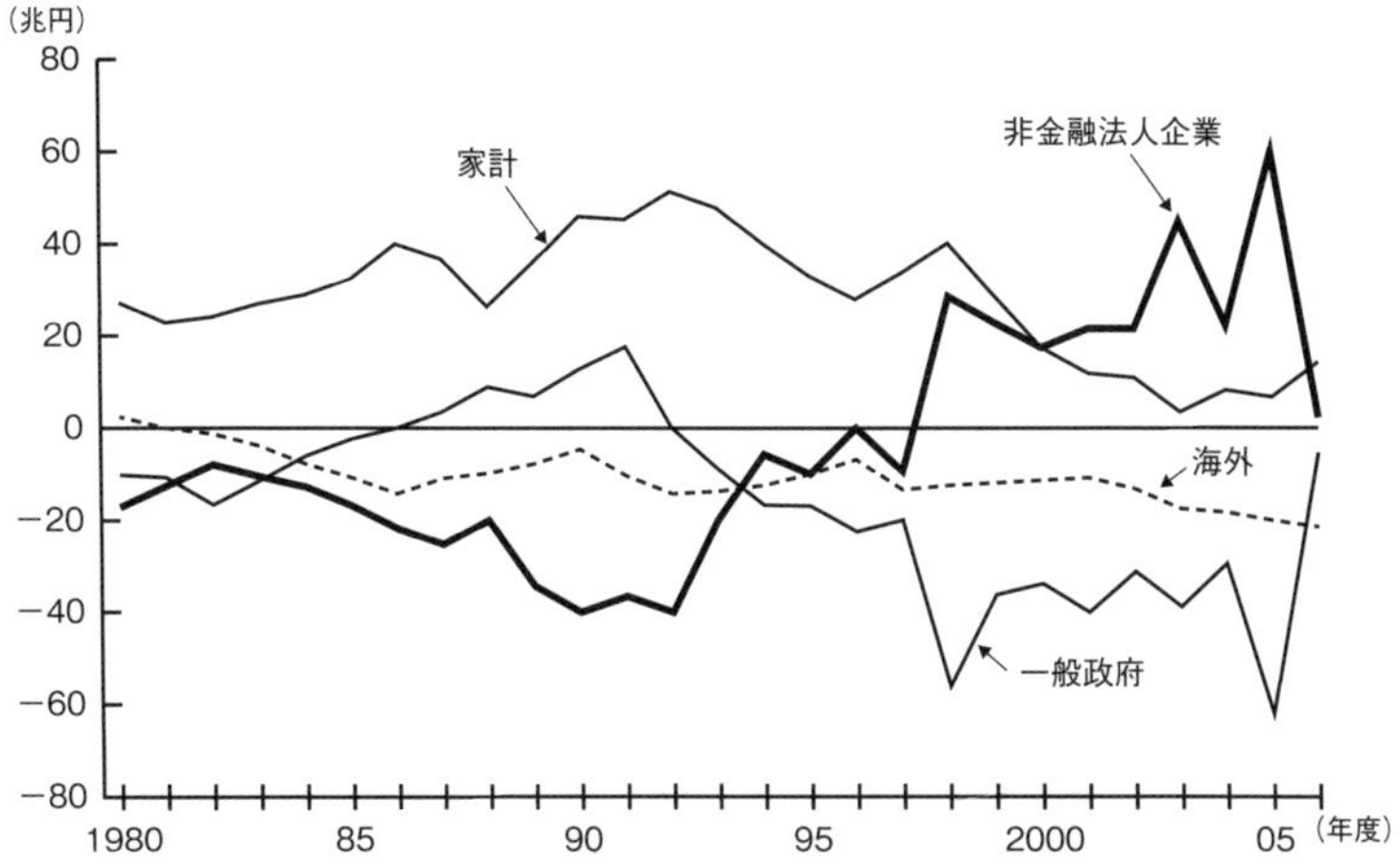

図表⑱：日銀「資金循環統計フロー表」（金融機関は省略）

のことは、同時に供給と需要のバランスが崩れ、需要不足経済に陥ることでもある。なぜなら、生産（供給）に対して貨幣量（需要）が不足すれば、それだけ購入できるモノ、サービスの量も少なくなるからだ。

当然、生産者側は需要の低下に合わせて生産を縮小することになり、従業員の解雇、設備投資の削減などを実施し、社会は本格的な不況に突入する。まさに日本は１９９８年以降、この本格不況に突入したまま、いまだに抜け出せないでいるのである。

しかし、この不況は生産能力の低下によって起きたものではないので、本物の不況ではないということだ。生産能力は健全なままであるのに、大口の借金返済がいっせいに起きたことによる、世の中の貨幣量の減少による需要不足不況に過ぎないのである。すなわち、この不況は単なる貨幣現象に過ぎない。

そうであるなら、生産能力にふさわしい貨幣量を回復すれば、何の問題もなく経済は好転するはずだ。ところが、その貨幣量を回復するということが、現行の**中央銀行―銀行**の貨幣供給制度のもとではなかなか実現できないのである。

なぜなら、この制度では誰かが銀行から借金をしなければ、世の中のお金の量が増えないことになっているからだ。

しかし、景気が下降線をたどり、デフレ基調にある時に、個人にしろ企業にしろ、銀行からお金を借りて事業を起こし、投資をしようとする者は非常に少ない。それはごく当然のことであって、民間人は自己の利益のみを考えて行動するのであって、一国全体のことを考えて行動することはないからだ。

さて、生産能力は健全であるのに、世の中からお金が消滅していくために、経済の不調から抜け出せないのであるなら、最後には誰が行動を起こさなければならないのか。もちろん、それは自己の利益に縛られることのない、非民間であるところの政府しかないということになる。政府が税収の範囲内で予算を組み歳出すると、一国経済は極めて低調になり、国内の各層、各処から不満の声が沸き起こる。

わけても重要な経済指標であるＧＤＰ成長率がマイナスに転落することは、政権党にとって看過できないことであり、ただちに財政出動政策に切り替え、国債を発行して公共工事を起こし、社会保障を拡充し、あるいは減税を実施する。これらの財政政策（ケインズ政策）によって経済成長率をプラスに維持し、国民の不満の声を抑える。

しかし、見逃してはならないことは、この時政府は必然的に国債を発行して世の中に貨幣を供給し、生産能力と貨幣量のバランスを回復させているということだ。景気対策としての財政出動による需要増大とは、つまり生産能力にふさわしい貨幣量を世の中に送り込むことなのである。

政権党は、国民の不評を買わないように、あるいは政権を維持するという自己保身のために、財政出動をし、赤字を積み上げてきたのであるが、実は、これで間違っていなかったのである。

資金循環統計フロー表（図表⑱）を見るとわかるように、企業部門が、借金返済をするのとちょうど対称形をなすように政府は借金を積み重ねている。これはまさに、政府がこの借金行動によって、日本中からお金がなくなろうとするのを一生懸命阻止してきたことを示すものである。なぜなら、お金がなくなれば我々が営む貨幣経済は成り立たなくなるからだ。

中央銀行―銀行制度による貨幣供給による限り、お金は世の中からどんどん減っていく。なぜなら、銀行から借りたお金を返すと、その分お金は世の中から消滅するからだ。

借金をもつ企業、個人は絶えず借金を返済して身軽になりたい願望をもっているから、現在世の中に存在するお金は、返済されて消滅する方向性（ベクトル）を内包する貨幣と言える。したがって我々が使用するお金（銀行券及び預金）は、「消滅貨幣」あるいは「マイナス貨幣」と名付けることができる。

一方、政府が供給する政府紙幣は、一度生まれたらほぼ永久に世の中に存在し続ける。よって政府紙幣は「存続貨幣」もしくは「プラス貨幣」と呼ぶことができる。


次に資金循環統計フロー表の1950年代から1960年代の高度成長期を見てみると、企業部門が継続的に多額の借入をしているのに対して、政府の借金はゼロか、ほんのわずかである（図表⑲）。

この時代は、企業が次々と大工場を建設し、機械設備を導入し、多数の従業員を雇用し、それらに必要な莫大な資金を銀行から借入れたことにより、日本中に大量のお金が出回ることができたのである。

よって、政府は特に借金行為（国債発行）をしなくても、一国の貨幣経済を営むうえで、差し障りはなかったのである。

図表⑲：部門別資金過不足（対GNP比率）

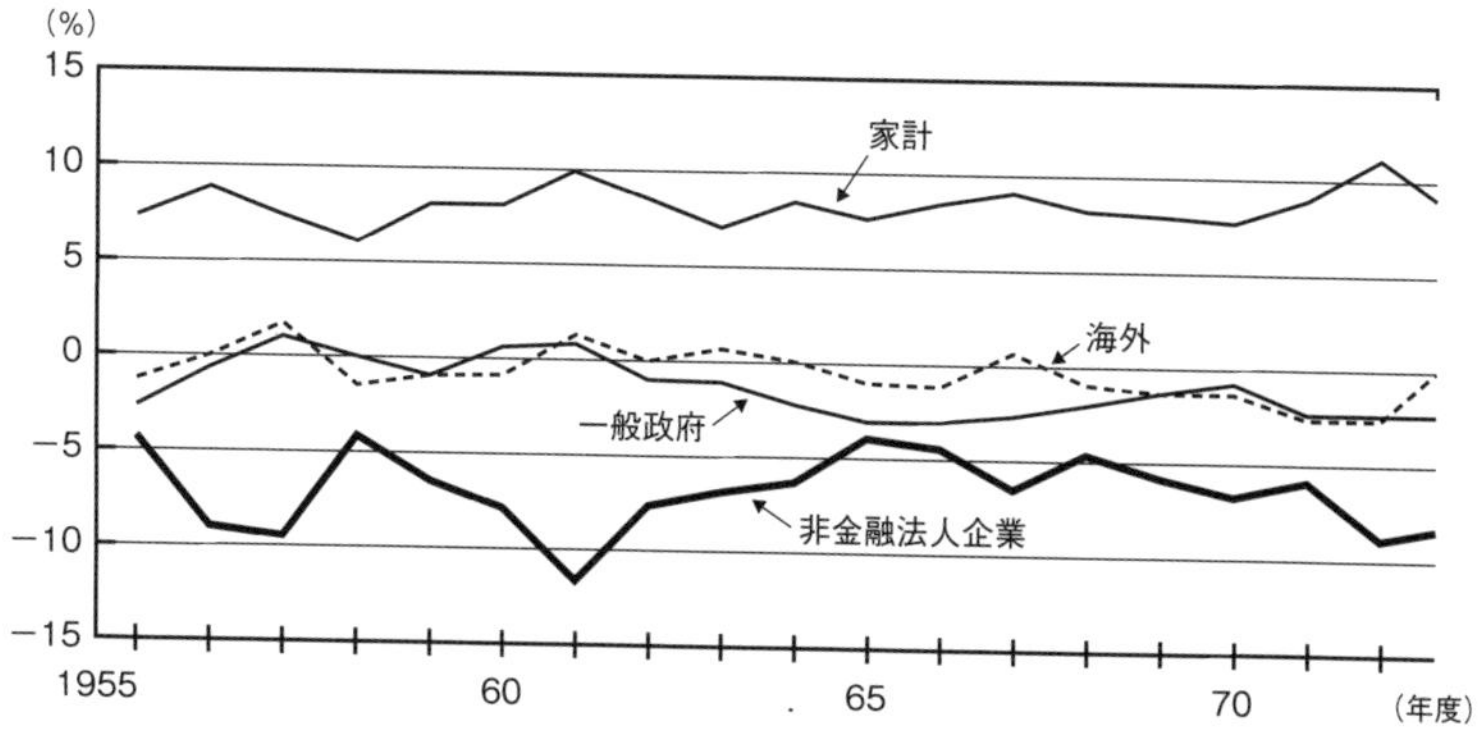

日銀「資金循環統計フロー表」（金融機関は省略）

この時代、国の財政は、国債をほとんど発行しない均衡財政であったが（図表⑳）、それは税を重くし、歳出を削減する緊縮政策をしいていたからではない。あくまで企業が大量の借金をしてくれたから、それで世の中に十分お金が行き渡り、政府は借金をしなくて済んだのである。

資金循環統計はこのことを証明しているのであり、一国経済のマクロ的調整を行う義務のある政府の借金は、借金ではなく、貨幣の供給なのである。

現在、日本の公的債務残高は、GDPの200%を超えており、経済学者もエコノミストも、他の識者もマスコミも、異口同音に大変だ、このままでは日本は破綻すると叫ぶ。あるいは、もっとすごいのは日本はすでに破綻しているのだが、た

	国債発行額〔億円〕	一般会計歳出に占める割合
1947年〜'64	0	0
'65	1972	5.3%
'66	6656	14.9
'67	7094	13.9
'68	4621	7.8
'69	4126	6.0
'70	3472	4.2

図表⑳：財務省「一般会計公債の推移」

だそれに気付いていないだけだと言う者もいる。

これらの声に押されて、政府も財政の健全化に向けて突き進もうとしている。消費税の税率を引き上げ、社会保障費、公共事業費、その他の支出を削る努力をしている。

これによってまず、プライマリーバランスを達成し、次いで累積債務を順次削減していこうという計画である。が、これは大変な間違いである。財政の健全化を目指してはいけない。

現在、日本政府が抱える巨大な財政赤字があるからこそ、世の中に出回るお金及び金融資産があるのであり、日本経済が成り立っているのである。

消費税やその他の増税は実施してはならない。政府が国民に増税を課して、その増税分で国債を償還すると、それと同額の貨幣量が日本国内から消滅してしまう。

もし仮に、政府が財政赤字をすべて返済してしまったら、その時は世の中からお金というものがすべてこつ然と消滅し、貨幣経済は成り立たなくなって日本は破綻するだろう。

現実には、政府が赤字を返済しようと努力すればするほど、日本経済の隅々から猛烈な反発が起き、きしみが生じ、強烈な力で揺り戻しが起きるに違いない。なぜなら、我々が営む貨幣経済から貨幣を消し去ろうと努力するのと同じことであるからだ。これを実現することは不可能なのである。

政府は赤字をなくすことを考えてはいけない。

次のような考え方が一般的であるだろう。

国債とは、国が発行する債券であり、これを国民はお金を支払って買ったのだから、国債はまぎれもない借用証書であり、借金以外の何物でもない。そもそも国は税収以上に歳出を行いその不足分を国債を発行して補ったのであるから、これは明確に借金であり、借金は必ず返済しなければならない。返済しないのであれば国債を買った者は大変な痛手をこうむるだろう。

しかし、このような考え方は、個人のレベルの借金と国政のレベルの借金を混同し、同一視しているという点で誤りである。

ミクロ経済とマクロ経済を混同してはならない。国債を買った者は、立派な金融資産を手に入れたのであるから、なにも困ることはないのである。


次のような文章がある。

「2013年度一般会計予算の場合、歳入規模（歳出も同じ）は92・6兆円であり、歳入のうち公債金収入（すなわち財政赤字）は42・9兆円である。歳入のうち、公債に頼っている割合（公債依存度）は46・3％である。日本の財政の異常さを示すには、これだけでも十分だ。要するに、国は必要経費の半分を借金で賄っているわけだ。別の表現をすると、我々は約半分しか対価を払わずに、国からのサービスを享受しているということだ。こんな状態を続けられないことは一見して誰にも分かることだ」（小峰隆夫著『日本経済論の罪と罰』、日本経済新聞出版社、2013年、199～200ページ）。

「約半分しか対価を払わずに、国からのサービスを享受している」とあるが、そのサービスを提供しているのは我々国民である。国がサービスを提供するわけではない。国（政府）に雇われた国民がサービスを提供しているのである。

つまり、自分で自分にサービスを提供しているのだから、何の問題もないのである。

「一国の資金循環について、より深く考える」

多くの経済学者、エコノミストは、資金循環統計に関する説明で、資金余剰部門から資金不足部門に資金が流れる（循環する）という表現の仕方をするが、これは方向が逆である。

これでは最初にどのようにして世の中に資金（お金）が存在するようになったのかについての解明がない。あたかもお金は最初からあたり前のように存在していたと考えているようである。

しかし、最初にお金はなかったのである。

中央銀行—銀行制度が設立されたのは1882年であるが、1885年当時の通貨流通高は1・5億円ほどであった（図表㉑）。一方、現在のマネーストック（M2）は850兆円である。

そうであるなら、約850兆円のお金（850兆円−1・5億円≒850兆円）は、その後に生まれたのである。

図表㉑：1885年（明治18年）の通貨流通高（単位千円）

日本銀行券	3956
政府紙幣	88345
国立銀行券	30155
補助貨	30799
合　計	153255

≒1.5億円

日本銀行統計局『明治以降本邦主要経済統計』

どのようにして生まれたのかというと、資金不足部門の企業あるいは政府、あるいは個人が、銀行からお金を借りたから生まれたのだ。そして、そのお金が世の中に行き渡り、自分のところに入ってきたお金を、ためた者がいたから資金余剰部門が出現したのである。資金余剰部門は最初から存在していたわけではない。あとから生まれたのである。

現在我々が使用する貨幣（現金、預金）は、**中央銀行―銀行**制度により供給されるものである。政府が供給する政府紙幣ではない。したがって、この貨幣は生まれては消え、生まれては消えを繰り返す（銀行から借りれば生まれ、銀行に返すと消える）。生まれる貨幣量の方が消える貨幣量より多ければ貨幣量は増加するが、その増加量が、生産量の増大と一致していれば、この国の経済は非常に良い状態を維持しながら発展する。

この時、貨幣を生み出す主体の大半が民間であるなら、この国の政府は国債をほとんど発行することなく一国の経済を運営することができる。ちょうど、かつての日本の高度成長期のように。

「高度成長期のマネーサプライ増加の姿」

高度経済成長期（1955〜1973年）にあっては、家庭電気製品や、自動車、その他の製品など、それまでになかったものが次々と開発され、大量生産されて社会に普及していった。

これらの製品を生産する企業は、大工場を建設し、機械などの生産設備を導入し、それに必要な多額の資金を主に銀行からの借入によって調達した。そして、その資金によって、工場の建設費用や、機械の購入代金を支払い、従業員への給与を支払った。建設費用や機械の代金を受け取った建設会社、及び機械製造会社は、建築資材や、機械の原材料費などを支払い、従業員への給与を支払った。

給与を受け取った従業員は、商店で食料品や生活必需品あるいは電気製品などを買い、その代金を支払ったのである。

このように、最初に銀行から借入れられたお金は、ぐるぐると世の中を巡って、隅々まで行き渡り、マネーサプライは増加したのである。その額はいくらかというと、最初に企業が銀行から借入れた額と同じである。

多くの家計は、所得をすべて支出するのではなく、一部を貯蓄に回した。それは、預金、株式、生命保険、年金などの金融資産として蓄積されていった（個人金融資産）。

しかし、その金融資産の大元は、最初に企業が銀行から借入れたお金である。企業が銀行から借りなかったなら、個人金融資産は生まれていない。そして、このようにして生まれた

図表㉒：マネーサプライ
（M2＋CD）の推移

1960年	10.4兆円
1965	25.4
1970	54.2
1975	125.0

個人金融資産は、再び資金不足部門に循環したのである。

高度成長期という時代は、ものを造ればいくらでも売れた時代であり、企業は借金をして設備を拡充することにちゅうちょしなかったし、銀行側も融資することをいとわなかった。

図表㉒のマネーサプライの推移に表われているように、ほぼ民間の資金需要だけで、マネーサプライは5年ごとに2倍以上に増加していったのであり、これは1990年以降のマネーサプライの鈍い伸び方に比べれば、驚異的であったと言える。

「安定成長期から現代へ」

しかし時代は移り変わった。技術は果てしなく進歩し、生産能力は著しく高まった。かつてのように、大きな割にそれほど生産能力の高くない機械から、小さくても極めて能力の高い機械へと進歩した。機械の性能が良くなれば、人間の労働もそれだけ削減することが可能になる。

機械が小型化すると、巨大な工場を建設する必要もなくなり、建設費用は少なくて済む。

取得する工場要地の経費も少なくて済む。

なおかつ、企業はより少ない人員で（より少ない人件費で）工場を稼働し、より大量の製品を生産することが可能になった。つまり、かつてのような多額の設備投資資金、及びその他の費用を必要としなくなったのだ。

そして企業は銀行から金を借りなくなった。銀行から金を借りるどころか、それまでの借金をも返済するようになり、世の中の貨幣量はひたすら減少することになった。ここに、生産能力の向上による生産量の増大と、貨幣量の減少という逆比例関係、アンバランスが出現したのである。

それは供給に対するはなはだしい需要不足となって現われ、容易に抜け出せない不況に突入してしまった（1990年代半ば以降）。

しかし、極めて重要なことは、この不況は生産能力の低下を原因とするものではないということだ。生産能力は何ら毀損していないどころか、むしろ逆に生産能力の著しい向上、進歩があるのである。科学、技術には停滞や後退はない。果てしなく進歩し続ける。科学、技術の進歩の成果である機械、生産設備の能力も果てしなく進歩する。

しかし、この生産能力の進歩、生産量の増大を忠実に貨幣量の増加に反映する貨幣供給制度を我々はもっていない。我々がもつ貨幣供給制度は、とにかく誰かが銀行から金を借りなければ、世の中の貨幣量が増えないという、生産能力の向上とは全く無関係な不思議な制度であるからだ。

このような、いびつな貨幣制度、金融制度の中から、政府の膨大な額の借金（見かけ上の借金）が生まれたのである。

【お金（貨幣量）は生産より先に増えなければならない】

一国の経済規模が2倍になる時は、その国の貨幣量は必ず2倍以上にならなければならない。もし貨幣量が元のままであったなら、この国の経済は2倍に成長することはない。すなわち経済成長を実現できないまま終わってしまう。経済が成長するためには、貨幣量は必ず増えなければならない。

しかし、この時重要なことは、貨幣量は生産の増大より先に増えなければならないということだ。あとから増えても役には立たない。

なぜなら、企業が工場を建てる時は、建設前に着手金を支払い、工場が完成した時点で残金を支払うであろう。これはすなわち、企業は工場で生産を開始する前に資金を用意しなければならないということだ。

工場で生産を開始し、できあがった製品を売って、十分利益をあげてから、建設会社に建設費を支払うというわけにはいかない。同じように、生産設備（機械、道具類）を購入したが、生産を開始して製品が売れて、もうかってから機械の代金を支払うというわけにはいかない。機械を購入した時点で支払わなければならない。

また、従業員を雇用すれば、一ヵ月ごとに給与を支払わなければならない。数年後に企業が十分もうかって、給与が支払えるようになってから、支払うというわけにはいかない。

というよりも、すべての企業が、工場建設費も、機械の購入費も、従業員の給与も、製品が売れてもうかってから支払うことにすれば、これらの企業が生産した製品は永久に売れることはない。なぜなら、製品製造企業の従業員も、建設会社の従業員も、機械製造会社の従業員も所得があるからこそ、企業が生産した製品を買うことができるからである。

世の中に新たに誕生する製品を、広く世の中の人々が買えるようになるためには、まず先にその分の貨幣量（人々の所得）の増加がなければならない（企業が機械購入代金、工場建設費用をローンで支払う場合でも、貨幣量の増加が一度に必要であることには変わりない。ローンを請け負う金融機関と企業が、支払いに関しては一体であると考えられるからだ）。

以上のことから次のことが言える。

○貨幣量は生産の増大より先に増えなければならない。

○生産の増大と同時に貨幣量が増えても、それは生産の増大につながらない。
○生産の増大よりあとに貨幣量が増えることはない。

なぜなら、生産の増大より先に貨幣量が増えなければ、生産の増大は実現しようがないからだ。

ここで私が述べようとすることは、生産の増大、経済の成長が高い確率で見込まれる場合には、その国の通貨発行当局は恐れずに貨幣量の増加を図るべきだということである。

経済の実体は生産であり、貨幣は生産されたものをスムーズに流通させ、分配する道具に過ぎない。すなわち、生産が主であり、貨幣は従でしかない。生産は、生産設備の製造と、その生産設備を使用する人間の労働によって生み出す実体のある価値であり、お金は紙切れに過ぎない。

産業が興隆しつつあるのに、現行の金融システムでは自国の銀行は企業に金を貸すことができないと決めつけるのであれば、それは貨幣が主で生産は従であると思い込んでいるのであり、顚倒している。自国の生産の増大に全く眼を向けていないのである。

【アジア通貨危機】

かつて1990年代後半に成長の著しい東アジアの国々が、連鎖的に自国通貨の大暴落にみまわれるという経済的大混乱が起きたことがあるが、これらの国の企業は外国から多額の資金を借入れていた。

なぜなら、これらの国の通貨当局は、自国の経済発展に合わせて自国通貨を増発することをしなかったからである。そのため、自国内の貨幣量の不足から、企業は自国の通貨を銀行から調達することができないので、外国から資金（外貨）を調達したのである。

折しもこの1990年代は、国際金融の自由化（金融のグローバル化）が進展した時代であった。金融の規制が緩和され、国境を越えて資金が自由に移動しはじめた時代であった。

しかし、金融グローバル化とは豊富な資金を保有する先進国の金融機関や投資家が、有利な投資先を世界規模に広げるための策略というべきものである。このような策略にのる必要はない。

自分の国にお金がなければ、自分の国でお金を刷ればよい。

先ほども述べたように、経済成長の過程にあっては、「お金（貨幣量）は生産より先に増えなければならない」という道理がある。

企業は先に資金を調達し、その資金で工場を建て、原材料を仕入れ、従業員を雇用して給与を支払い、ようやく生産が開始できる。企業は生産し、販売して十分利益をあげて後に、これらの経費を支払うというわけにはいかない。

そこで、金融機関という資金の仲介をする機関があって、企業に対して、あらかじめ資金を用意するのである。ところが、一国全体が急激に経済発展する時には、多数の企業がいっせいに設備投資をするので、多額の資金需要が発生し、国全体の資金量（貨幣量）が不足する事態が生じる。

もはや、国内の金融機関だけでは、資金需要に応じることができなくなるのである。経済学では、このことを「国内の貯蓄で国内の投資が賄えない状態にある」という表現をするが、これは非常に奇妙で不合理な表現である（これについては後に詳しく説明する）。

そこで、企業は国外から資金を調達しようとする。企業にとっては国内の金融機関から借りても、国外から借りても、資金が調達できればそれでよいからだ。よって、多数の企業が国外から外貨で資金を借入れることになるが、その総額は膨大な額にのぼることになる。1990年代の東アジアの国々はまさにこの状態にあった。

さて、ミクロ経済主体である企業にとっては、どこから資金を得ても同じことであるとしても、一国全体、すなわちマクロ経済の観点に立つ時には、全く別の結果が現われる。

他の国から資金を借りれば、借りた額プラス利子を他国に返済しなければならない。マクロ的にはその返済額分ほどこの国の豊かさは失われる。

この国は、自国内で生産設備を活用し、国民が労働をして生産が増大し、モノ、サービスが増え、その取引、決済に使う自国の貨幣が増える必要にせまられているのである。どこか遠くの国の生産が増大したのではない。そうであるなら、この国の通貨当局は自国の通貨を増加させなければならないのである。

もし通貨当局が持ち込まれた外貨（企業が外国から借りたお金）を交換（両替）するという方法で自国通貨を増やすのであれば、この通貨当局は単なる通貨両替機関でしかない。この通貨当局は、通貨当局としての役割を果たしていない。なぜなら、自己の責任において自国通貨を発行することができる権限を行使していないからだ。

外貨と交換して自国通貨を発行しても、外貨と交換することなく自国通貨を発行しても、どちらも自国通貨が増えるという点では全く同じである。そうであるなら、通貨当局はどちらを選ぶべきだろうか。

近い将来、自国の生産が増大し経済が発展することが予想できるのであれば、この国の通貨発行当局は、企業が外国から金を借りる前に自国の貨幣量を増加させなければならないのである。

企業は、こうして増えた自国の貨幣によって生産を開始する。やがて一国内は生産が増大し、経済が成長するが、その生産の増大分は、最初の通貨当局の貨幣量増加分と一致調和していれば、この国の経済状況には何の不都合も生じない。すなわちインフレなどは起きない。そして、ここには外国の通貨がはいりこむ余地はない（↓247ページ注⑪）。

これは国家によるマクロ経済政策というものであって、民間の能力ではできない金《かね》の融通を、国家の強権をもって、自国の経済発展のために行使するのである。

まさにこのことを現実に証明したのは、日本の昭和30年代（1955〜1964年）のオーバーローン（↓248ページ注⑫）による高度経済成長であった。日本は外国から金を借りることなく、銀行と中央銀行の協力態勢によって、お金をひねり出すようにして、膨大な資金を企業に貸し与えたのである。あたかも無から有を生み出すように。

さて、1990年代の東アジア諸国は、外国から借りた金《かね》とその利子を返済するだけでは済まなかった。外国の短期投機資金が一挙に引きあげたことによって起きる自国通貨価値の急激な下落にみまわれたのである。

その上、時を合わせて、ヘッジファンドが空売りという手法で、なお一層の通貨の売り浴びせに出たため、東アジア各国の通貨下落幅は、最終的に20～80%というすさまじいものになった。

各国は、外貨返済分と、この通貨下落分を足し合わせた価値の豊かさを失ったのである。外国からの借入分に対する返済額は、自国通貨が下落しただけ高くなる。多くの企業は返済不能に陥って倒産し、失業率ははね上がった。輸入品の価格は何倍にも高騰し、国民生活は窮乏した。

ところで、東アジア諸国はなぜ１９８０年代から１９９０年代にかけて、急激な経済成長を遂げたのだろうか。

それは、日本及び欧米からの直接投資を積極的に受け入れたからである。直接投資とは、先進国の企業が発展途上国に進出し、生産拠点（工場）などを設けることを言う。

途上国は直接投資を受け入れることによって、急激に経済成長するのである。なぜなら、途上国は産業革命を一から始める必要はないからだ。直接投資によって、いきなり最新鋭の生産設備が自国内に誕生するのである。その生産能力には目を見張るものがあり、途上国はたちまち急成長国家に変貌する。

これらの進出企業は、当然この国の人々を多数雇用するので、人々の所得は増え、消費が活発になり、他の産業分野も発展する。要するに一国全体の経済が高度成長を開始するのである。

なお、直接投資はこれを受け入れる国にとって、経常収支の赤字となるが、これは自国内に根付く投資であるので、赤字として強く意識する必要のないものである。外国からの資金借入れによる赤字とは区別すべきである。

【貯蓄＝投資】

経済学では次の恒等式が成り立つとされている。

国内貯蓄 － 国内投資 ＝ 経常収支

経常収支がゼロであれば、

国内貯蓄 ＝ 国内投資

すなわち、外国との資金の出入がなければ、その国の貯蓄がその国の投資に向けられるというものである。言い換えると、その国の貯蓄総額以上に投資をすることはできないということをこの式は示している。

もし貯蓄総額以上に投資をするのであれば、経常収支の赤字を伴うことになる。つまり外国から金《かね》を借りなければならないということである。

貯蓄＝投資という経済学上の恒等式は、このような固定観念を人々の頭の中に植え付けたようであるが、これは大変な間違いである。なぜなら、この式は一国の貨幣量は一定であって変化しないということを前提にしていることになるが、現実にはそのようなことはあり得ないからだ。

一国の貨幣量は絶えず変化（主に増加）する。生産が増大する以上貨幣量も増加しないわけにいかないからである。

国内貯蓄－国内投資＝経常収支は、事後的に成り立つ恒等式である。

すなわち、ある一定期間のそれぞれの数値を集計してみると、確かに右の式は成り立っているというものである。また、別のある一定期間について集計してみると、貯蓄も、投資も、経常収支も別の数値ではあるが、やはり式は成り立っているというものである。

貯蓄額も投資額も時々刻々と変化しているのである。なぜなら、一国全体の貨幣量は変化し、生産量も変化し、国民の所得総額も変化し、したがって貯蓄総額も変化しているからだ。

一国全体の貨幣量は、その国の通貨当局が増加させても増えるし、外国から金を借りても増える。

重要なことは、生産は絶えず増大し、貨幣量も増え、所得も増えるということだ。所得が増えれば当然貯蓄額も増える。そうすれば投資額も増えるのである。投資額が増えるのであれば、外国から金を借りる必要はない。自国内の貯蓄によって投資を賄い、経済成長を達成することができる。

最も根本にあるのは生産の増大である。その生産の増大に見合った貨幣量をこの国の通貨当局が増加させているのであれば、それに比例して所得、貯蓄、投資も増加するのである。

我々は事後的に成り立つ 貯蓄＝投資 なる式に振り回されてはならない。しいて言うならば、これは生産の増大のなかった時代においては強く意識する必要があっただろう（日本では江戸時代以前、ヨーロッパでは産業革命以前）。

しかし、生産の増大の著しい20世紀、21世紀という時代において、この式を意識しすぎると多くの混乱の元になる。

年率10％で経済成長する国は、6年で経済規模（名目GDP）が約2倍になる。たった6

年で一国の経済の大きさが2倍になるのである。これは通常の経済の変化の様態とは、全く異なるものと考えなければならない。

しかし、新興国が急激に工業化する時には、年率10％の経済成長はめずらしいことではない。

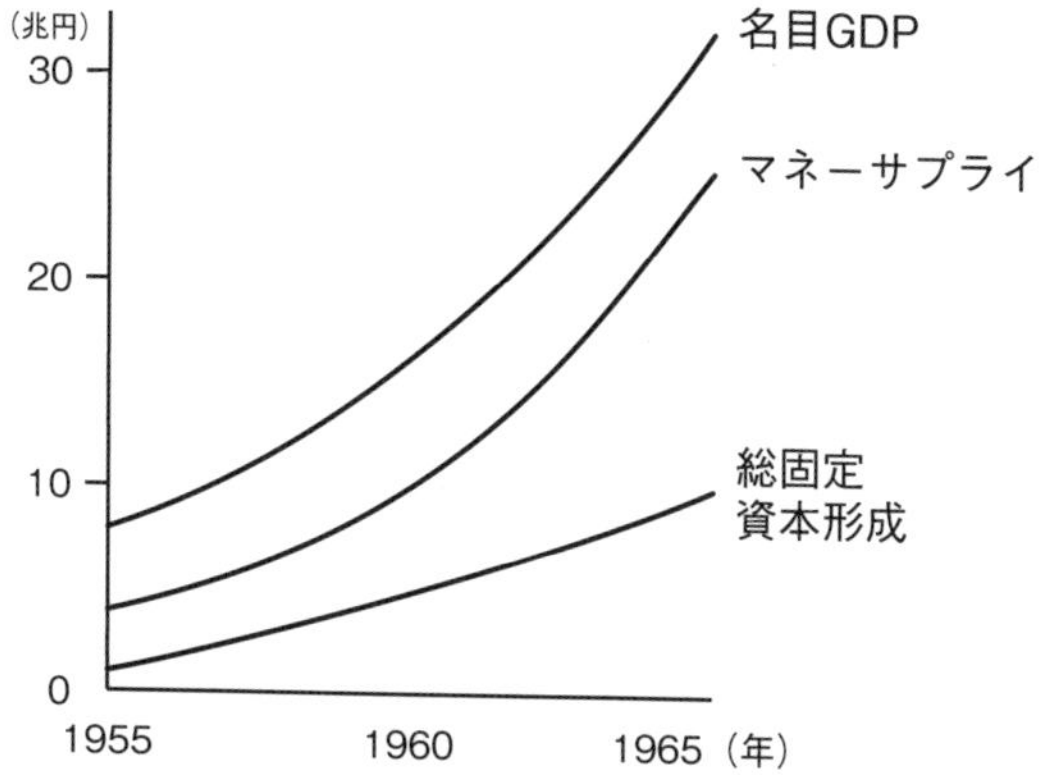

図表㉓：日本の生産量、貨幣量、投資額の時々刻々の変化
――― 内閣府「国民経済計算」

日本は高度成長期には、年平均10％以上で成長したため、1955年から1965年までの10年間で名目GDPは3・9倍に増大している。そしてこの成長に必要な貨幣量（マネーサプライ）の増加は5・9倍であった。当然貯蓄額も投資額もそれに応じて増加しているのである（図表㉓）。

また、投資（総固定資本形成）と経常収支の関係を見ると（図表㉔）、両者に何らかの関連性があるようには全く見えない。

［国内貯蓄］－［国内投資］＝［経常収支］によると、貯蓄が一定であるなら、投資が増えれば増

えるほど、経常収支の赤字額は増えるはずであるが、そうはなっていない。それもそのはずで、貨幣量が増えるので、それに応じて貯蓄も増えているからである。

さて、日本の貨幣量の増加方法はオーバーローンであったが、他にも貨幣量増加の方法はいくつもある。

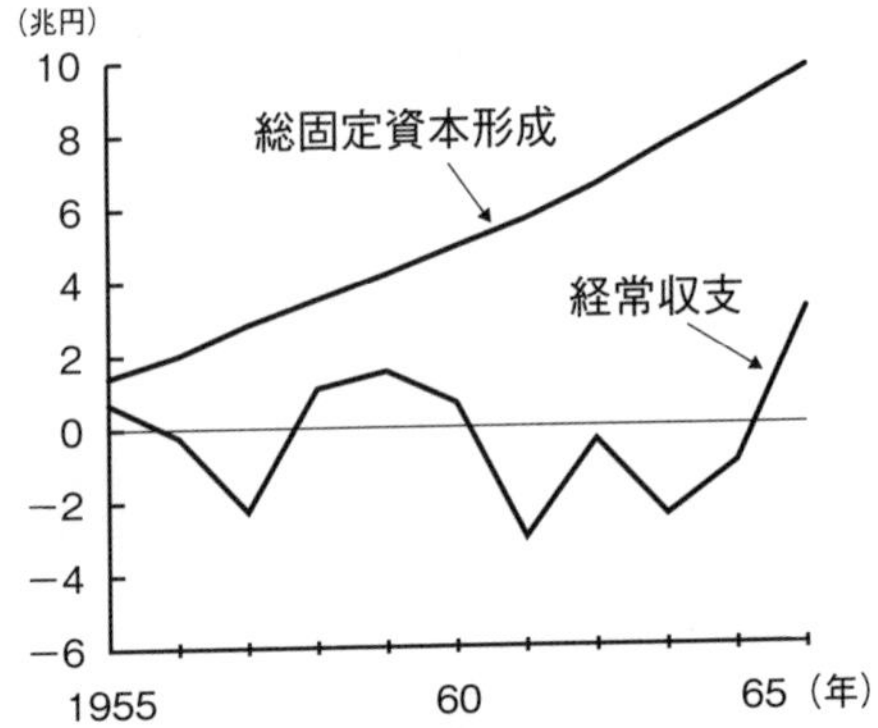

図表㉔：日銀「経済統計年報」

○政府の国債発行と中央銀行の国債買取り（間接）
○中央銀行の国債直接引受
○政府の政府紙幣発行
○外国からの資金借入れ

新興国は、これらの方法のうちどれでも選択することができるが、いずれも貨幣量が増加するという点では同じであるので、外国からの借入れ以外を選ぶべきだろう。

補足

「政府は自国の国民から借金することは不可能」

政府が国債を発行するとはどういうことか。日本国内には、政府と政府以外（民間）の二者が存在すると考える。政府は税収以上に歳出する場合、不足分は国債の発行によって補う。政府は、税収＋国債発行によって得た歳入を、一年間の会計年度内に、公共事業関係費、社会保障関係費、文教及び科学振興費、地方交付税交付金等その他に支出する。

税は民間から徴収され、一旦政府に納められた後、一年間の予算執行によって、そっくりそのまま民間に戻される。予算の配分の仕方については考慮せず、民間全体を一括りにすると、とにかく税はすべて民間に戻される。すなわち税の動きは、民間→政府→民間となる（→249ページ注⑬）。

ところが国債発行によって得た資金は、税とは異なる過程をたどる。政府が国債を発行し、それを民間が購入すると、資金が民間から政府に移る。一方民間は国債という債券（金融資産）を取得する。国債は借用証書であるので、政府は民間から資金を借り入れたことになる。

国債を発行して一旦は民間から政府に移った資金も、一年かけて予算が執行されるとすべて民間に戻される。ここまでは税収と同じであるが、そのあとに税との違いが生じる。すなわち、民間は国債という債券を手元に保有したままであるということだ。

これはいったいどういうことであるのか。

〈国債発行前〉と〈国債が発行され会計年度が終了した後〉の政府と民間の状態の変化をわかりやすく図にすると図表㉕のようになる。

結局〈国債発行前〉の民間は国債を保有していなかったのに、〈会計年度終了後〉の民間には国債の保有が生じている。

これは、政府が民間に国債という金融資産を贈与したのと同じことであると言える。

この一連の、政府と民間の間で行われた金銭貸借を個人のレベルに置き換えて考えてみる

図表㉕

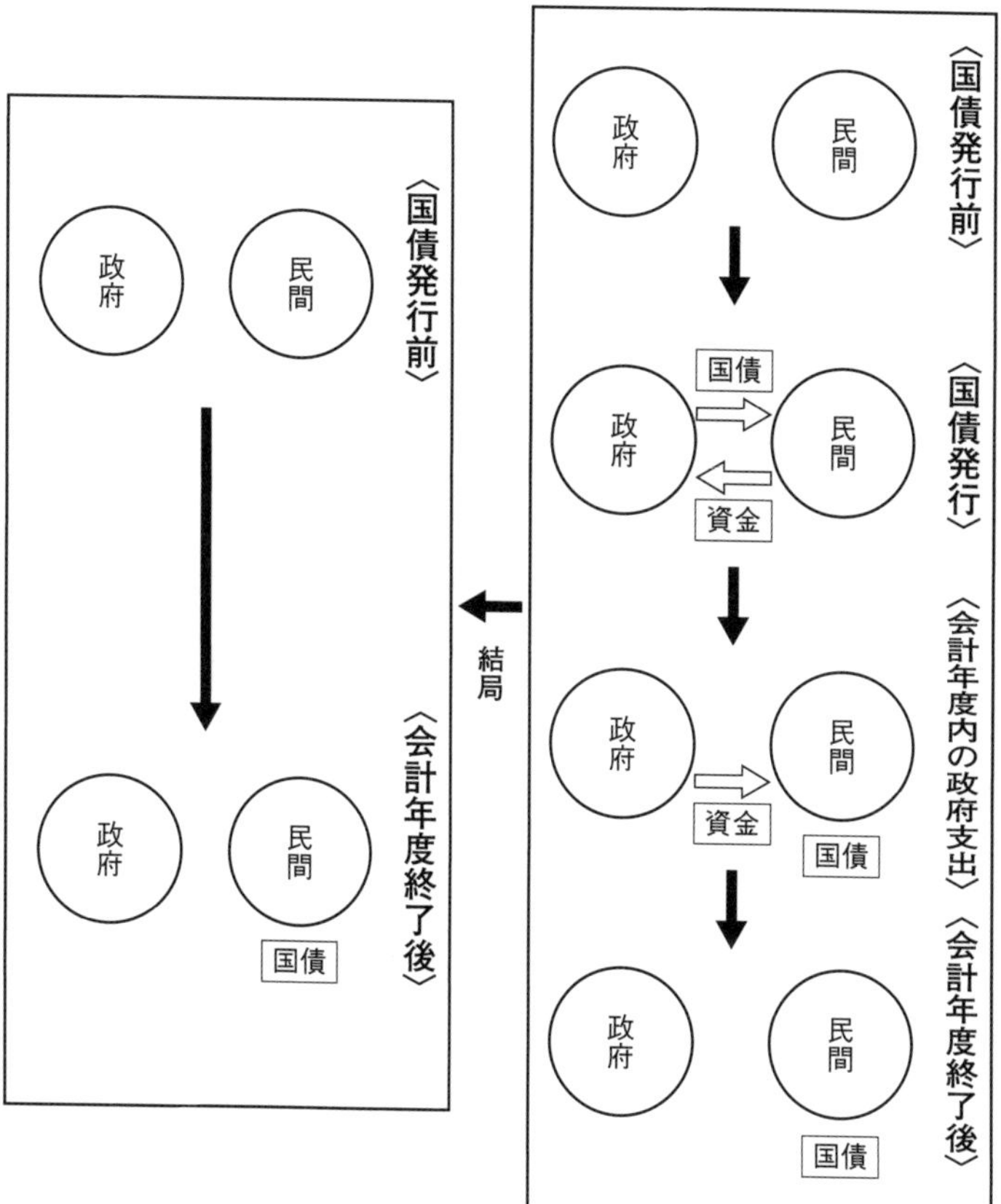
〈国債発行前〉
政府
民間
〈国債発行〉
国債
資金
〈会計年度内の政府支出〉
資金
国債
〈会計年度終了後〉
結局
〈国債発行前〉
〈会計年度終了後〉

とどうなるか。

ここにⒶとⒷの二人の人間がいるとする。ⒶはⒷから100万円を借り、100万円の借用証書をⒷに渡す。次にⒶはこの100万円の金を使ってⒷのために食事を提供したり、モノを買い与えたりしてⒷのために100万円をすべて使い果たしたとする。

そのあげく、100万円の借用証書はⒷの手元に残ったままであり、Ⓑはこの証書をⒶに提示すれば、いつでも100万円の返済を受けることが可能な状態にある。

以上のようなことは、個人（民間）のレベルにあっては極めて起こりにくいことであり、非現実的な話である。しかし、政府と民間との間ではごくあたり前のことであり、毎年このようなことが繰り返されてきたのである。

さて、ⒶはⒷから金を借りたと言えるだろうか。

政府は民間から金を借りたと言えるだろうか。

そうではなく、この状況は贈与が行われたと考えた方がより正確であるといえるのではないだろうか。

ⒶはⒷに100万円の借用証書を贈与したのであり、政府は民間に国債という金融資産を贈与したのである。

しかし、個人レベルでは贈与という表現でもよいが、政府と民間の関係においては、贈与という言葉よりも、もっとふさわしい表現方法がある。それは「貨幣の供給」である。「政府は、経済が成長発展する過程において、その成長に必要な貨幣を社会に供給した」。これが最もふさわしい表現ではないだろうか。

なぜ国債を発行しこれを民間に与えることが貨幣の供給になるのか。国債は、金融資産ではあるが、貨幣そのものではない。しかし、国債は国債市場で売却すれば、たやすく貨幣に交換することができるので、貨幣とほぼ同じものと考えることができる。マネーストック統計の「広義流動性」に国債が含まれているのを見てもこのことは納得できる。

その上、日銀は民間に出回る国債を買い取ることによって、銀行券を民間に送り込む（買いオペレーション）のであり、これは日銀による国債→銀行券への変換である。

政府という機関には、機構、役割はあるが、実体がないので自分のために金を使うことができない。自分のために金を使うことができないのなら、自分のために借金をすることもできない。

実体がないとはどういうことか。

国王、君主が支配する国家、あるいは独裁国家には実体がある。なぜなら、これらの国の国主は国民から金銭、物品、労働、土地などを収奪し、自己の利益とするからだ。

しかし、民主国家の政府には、自己の利益という発想が生まれない。したがって自己利益という意味において実体がない。

あるいは、次のように考えることもできる。政府には、総理大臣、国務大臣、官僚、議員、公務員などが所属するが、これらの者は雇われて公務を遂行し、俸給を受け取る。雇われているのだから、この者達は主役ではない。雇っている方が主役であるはずだ。

それではこれらの者を雇っている者は誰であるのかというと、民主国家である以上、それは国民である。政府の雇い主が国民であるとすると、政府自体が国民であるはずだ（政府＝国民）。

少なくとも政府は国民の代表であるはずだ。

したがって、政府が国債を発行して国民（民間）から借金をするということは、国民が国民から借金をするということになる。これは非常に奇妙なことではないだろうか。たとえて言えば、ある人間が自分の右のポケットから金を借りて、左のポケットに金を収め、左のポケットから借用証書を右のポケットに渡すという、一人で二役を演じているようなものである。

現在（2016年時点）約840兆円の国債残高が存在しているが、この840兆円は、政府（国）の借金ということになっている。そして同時にこの840兆円は国民の金融資産でもある（↓249ページ注⑭）。政府は国民と同一であると考えると、日本国全体は一人の人間と考えることができる。一人の人間に840兆円の借金があり、そして840兆円の資産があるということになるので、差し引きするとゼロになる。よって、この人間（国）は借金をしていない。

結論として、政府は自国の国民から借金をすることはできないのである。

【貨幣量という用語について】

第一部では、貨幣量とは「マネーサプライ（世の中に出回るお金の量）」の意味で使用したが、第二部では貨幣量を主に「国民の所得」という意味で使用している。マネーサプライは貨幣量のストックであるが、国民の所得は貨幣量のフローである点に違いがある。

第二部

日本国民は1千兆円もの所得を喪失してしまったことを証明する

第一章

第一部では、国の借金1千兆円は実は借金ではなく、政府が国内経済の成長に合わせて供給した貨幣（金融資産）であるということを、あらゆる角度から検討し、証明した。

我々は巨大な蜃気楼に惑わされ、苦しんでいただけであった。

今後、政府は緊縮財政政策、あるいは財政再建政策、もしくは増税などという負の政策にエネルギーをそそぐ必要はなくなり、前向きに、建設的政策にまい進することができるようになったのである。

さて、これで問題はすべて解決したことになればよいのであるが、なお重大な問題が残っている。

1990年代以後の名目GDPの推移にそれは現われている。図表㉖のように、戦後常に

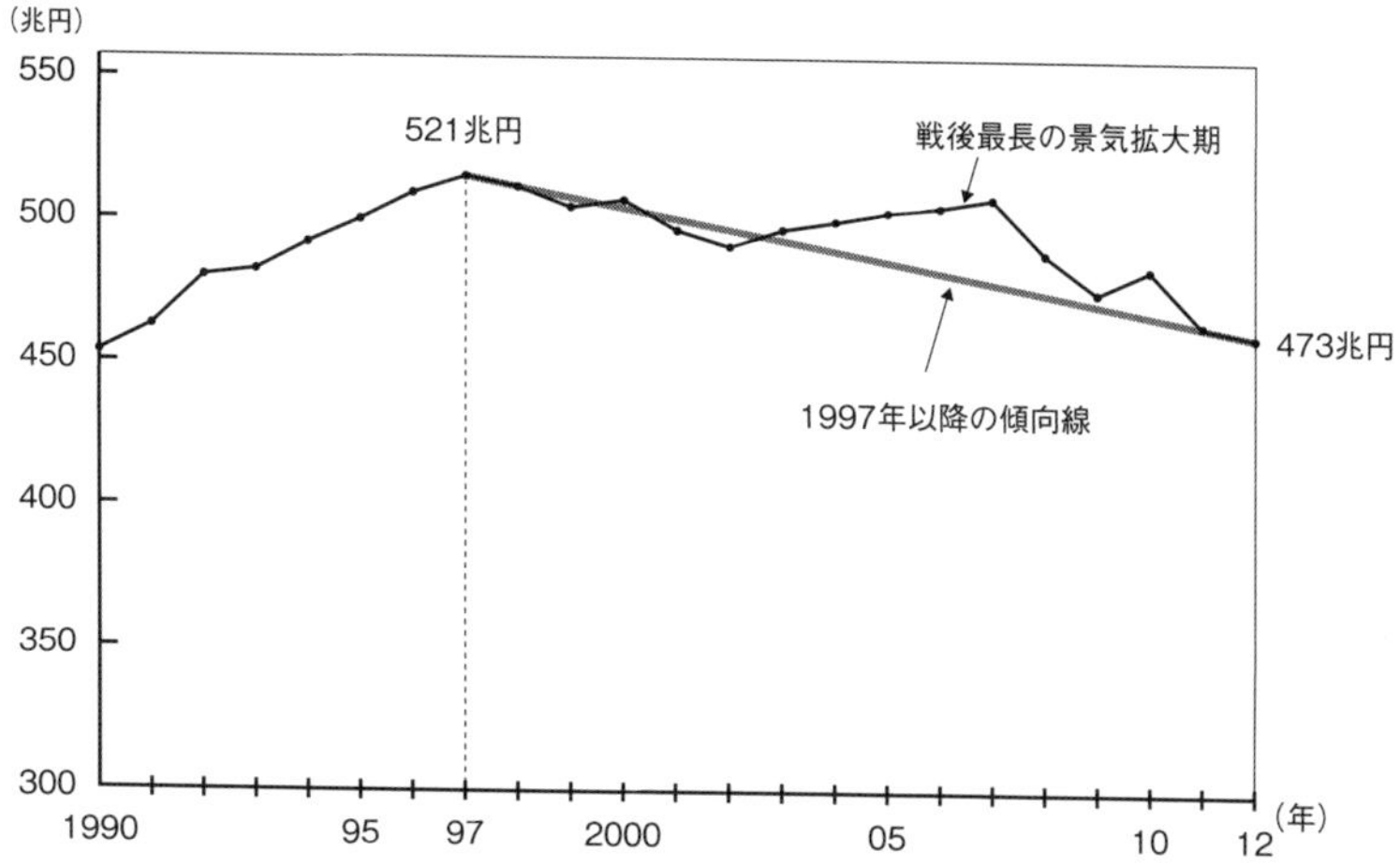

図表㉖：名目GDP —— 内閣府「国民経済計算」

右肩上がりで成長してきた名目GDPは、1997年を境に傾向線は明らかに右肩下がりに変化している（→249ページ注⑮）。

これはあたかも、線が壁に突き当たって進む方向が変わってしまったかのような奇妙で異常な変化の仕方である。

1997年から2012年までの15年間で名目GDPは、約50兆円減少しているが、これは名目GDP全体の1割にも相当する額である。よほど特別な原因がなければ、日本経済にこれほどの著しい変化が起きるはずはないと思われる。

我々は、第一部で経済が成長するためには、それに見合った貨幣量の増加がなければならないということを学んだのであるが、図表㉖の名目GDPの推移に、マネーサプライ

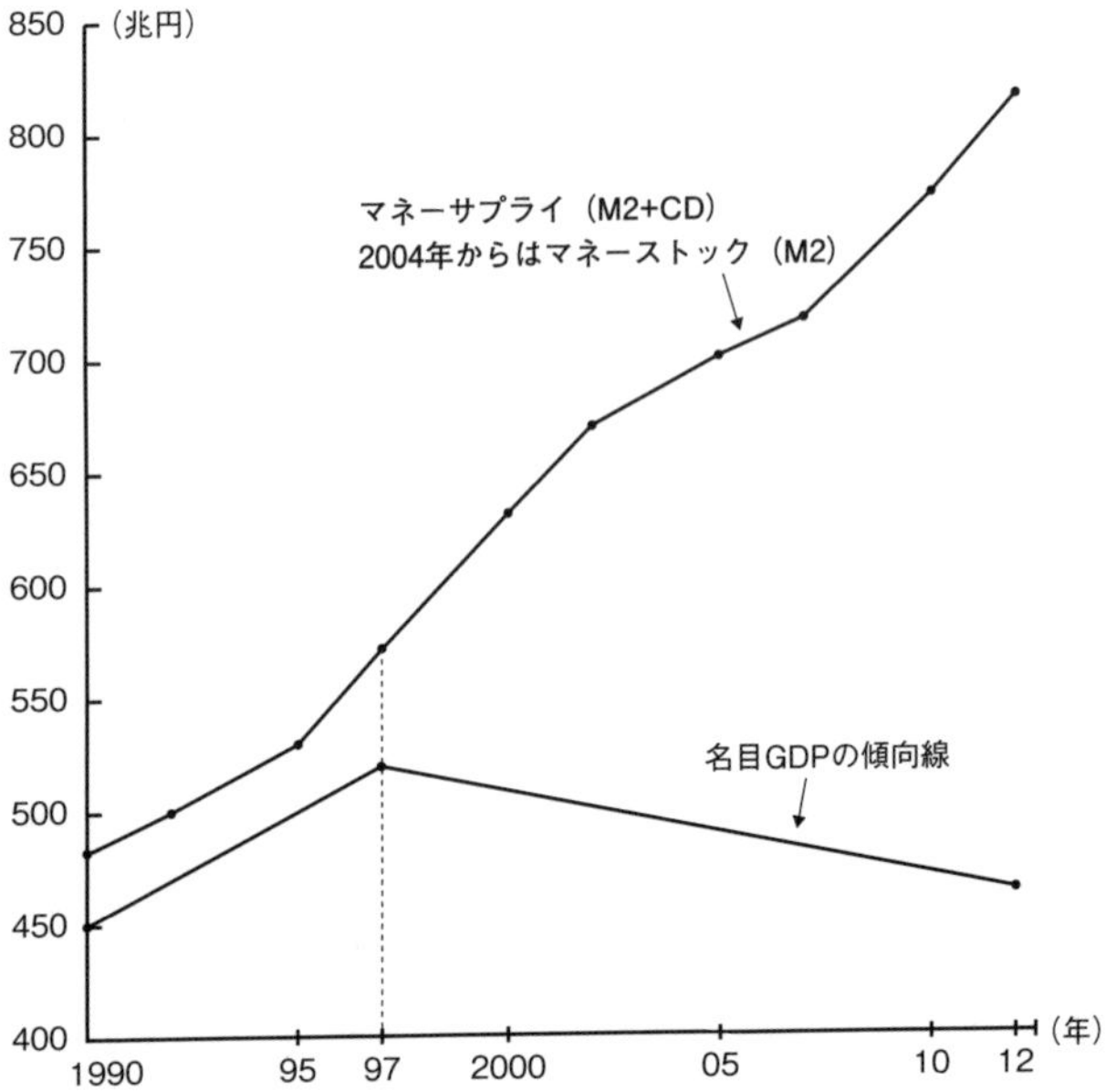

図表㉗：名目GDPとマネーサプライ
——内閣府「国民経済計算」、日銀「マネーサプライ統計」「マネーストック統計」

（M２＋CD）の推移を重ね合わせてみると図表㉗になる。

貨幣量（マネーサプライ）は順調に増加しているのに（↓249ページ注⑯）、名目GDPは１９９７年以降その貨幣量の増加とは、たもとを分かつように低下している。

すなわち、日本経済は貨幣量増加とは全く無関係に、別の原因によって低迷し、下降し続けているのである。もはや、金融政策の効果は明らかに消失してしまっているのである。

「生産量と貨幣量の調和」と

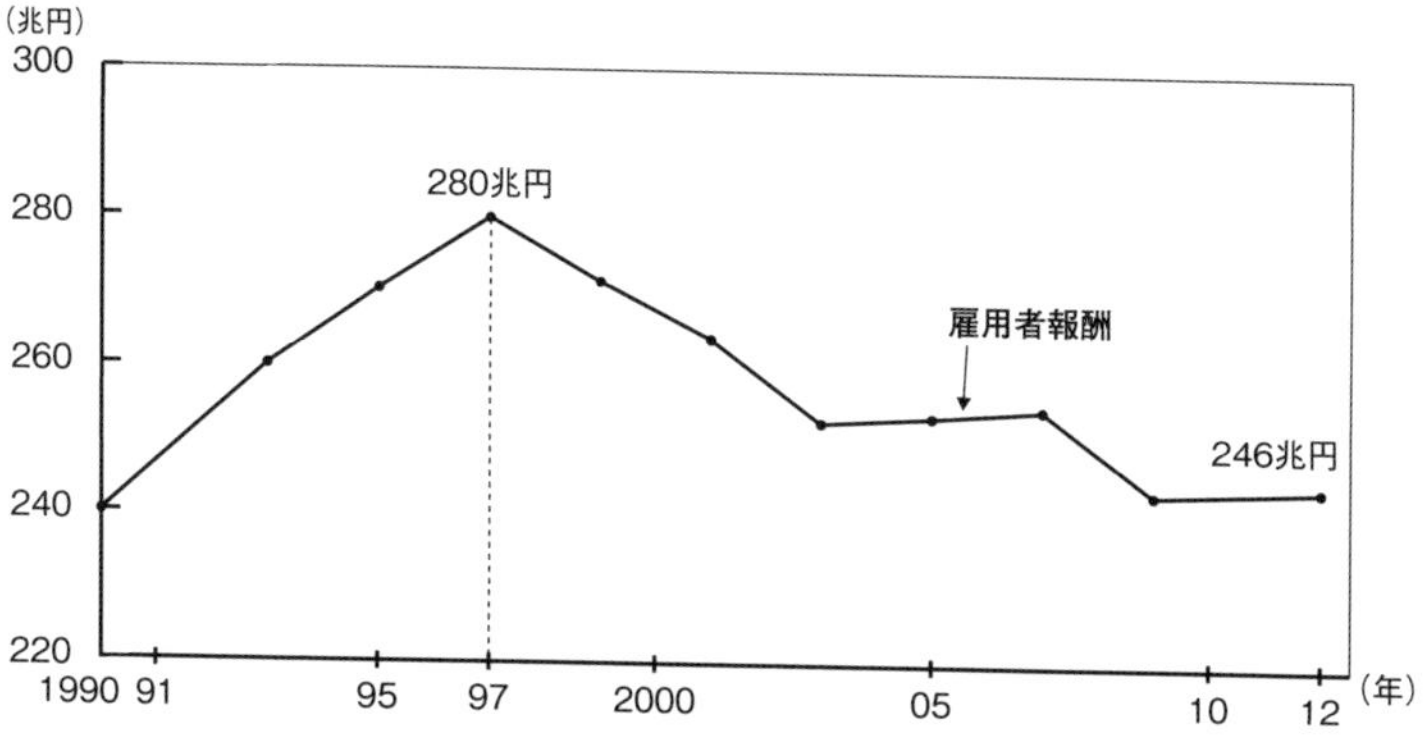

図表㉘：内閣府「国民経済計算」より

いう観点では捉えられない別の要因が発生し、日本経済は1990年代を境に前とうしろでは、明らかに異質なものになっているのである。その異質なものになった原因を突きとめなければならない。

さて、ここに、名目GDPの傾向的推移とあたかも相似形をなすように、1997年以降下降線をたどる経済指標がある。それは「雇用者報酬」である。雇用者報酬とは日本国内のすべての雇用者の所得を合計した額のことである。

これによると（図表㉘）ピーク時の1997年に280兆円であった雇用者報酬は、2012年には246兆円となっており、約12％も減少している。

名目GDPは、同じく1997年がピークの521兆円であり、2012年に473兆円であるから、こちらも約9％の下落である。

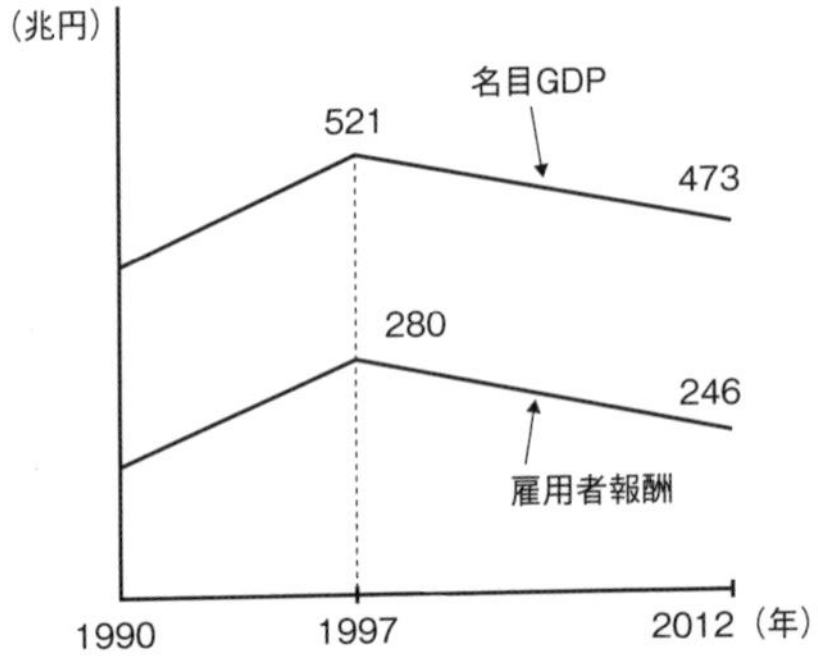

図表㉙：名目GDPと雇用者報酬

この二つの経済指標は、不思議なほど同じような推移をたどっているのであるが（図表㉙）、ＧＤＰ（国内総生産）の内訳を見てみると、実際は不思議でもなんでもないことがわかる。

ＧＤＰ（生産面）は、生産されたモノ、サービスの付加価値の総額であるが、この総額は生産にたずさわった者にすべて分配される。

すなわち、企業で働く雇用者の所得（雇用者報酬）となり、企業の利益（営業余剰）となり、あるいは自営業者の所得（混合所得）となる（図表㉚、分配面のＧＤＰ）。

生産面のＧＤＰと分配面のＧＤＰは、同じＧＤＰを別々の角度から見たものに過ぎないので当然総額は等しい。

図表㉚に示したように、分配面のＧＤＰの内訳によれば、雇用者報酬はＧＤＰ全体の約50％を占めており他の項目と比べても最大である（↓249ページ注⑰）。すなわち、雇用者報酬はＧＤＰを決定する最大の要因であり、雇用者報酬の上がり下がりはＧＤＰの上がり下がりに直給し、連動する。

もっとわかりやすく言うと、労働者の賃金が上がればGDPも増え、労働者の賃金が下がればGDPも減るということだ。

よって、1997年以降、日本経済が低迷し、GDPが傾向的な低下を続けてきた原因は、まさに労働者の賃金が低下し続けてきたことにあると言える。

図表㉚

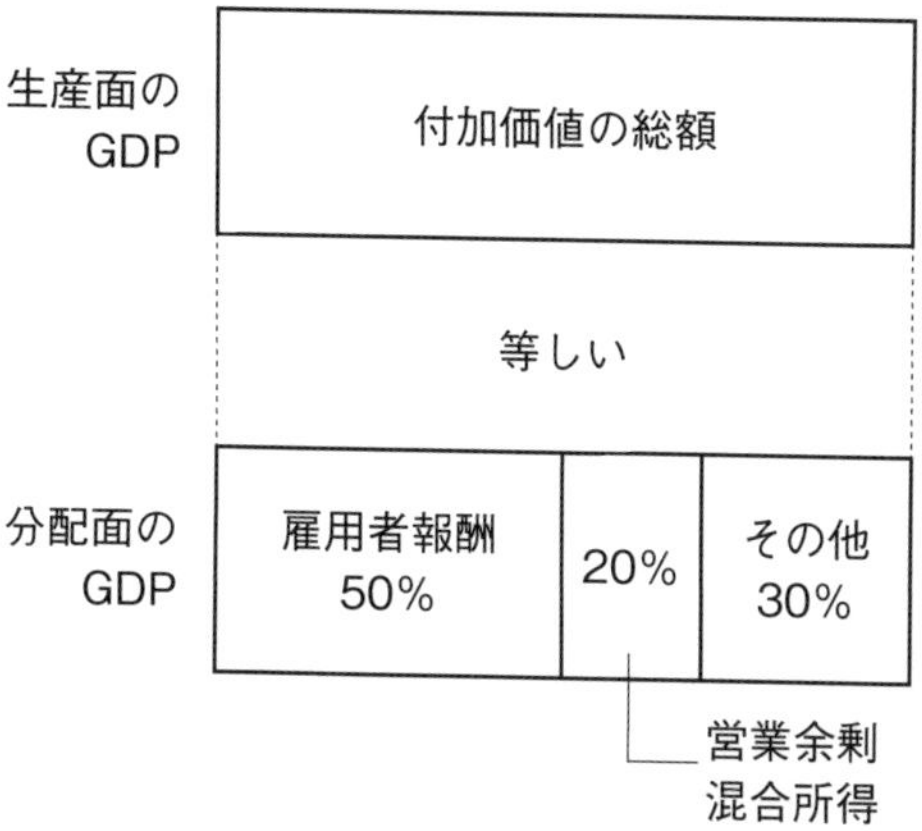

ではなぜ賃金は低下するのか。

○景気が良くないから
○一国全体の生産性が向上しないから
○アジアの新興工業国の追い上げがすさまじいので、国内産業が敗退しつつあるから

右に挙げた理由はいずれも当たらない。

「市場原理の限界」

我々は常に経済現象の表層だけを眺めて、解決策を講じてきたが、いよいよ、経済の根幹にかかわる理論について、考え方をあらためる時期に来

ているようだ。

現在の主流派経済学は、市場中心主義であり、市場の価格調整メカニズムを最も尊重する。

自由な競争的市場は、需要と供給が一致するように価格と数量を決定し、なおかつ、労働、資本、土地などの資源を効率的に配分すると主張する。よって、市場における競争原理は、経済を成長発展させるうえで最も重要で根元的な原理であると考える。

確かに市場原理は、経済を発展させ社会を豊かにするうえで多大の貢献を果たしてきた。我々は一国経済を営むうえでおおむね（完全にではない）市場原理を中心に据える経済理念によって今日の豊かな社会を築いてきたと言えるだろう。

しかし、経済が進歩、発展するということは、その経済の内容、様態に変化をもたらすということだ。経済現象を引き起こす諸要素は一定の状態を保ち続けるわけではない。何らかの変化が起きるのである。諸要素のうちのただ一つの、ある要素が変化し逆転現象を起こした時、市場原理は豊かさへの貢献能力を失うことがありうるということを主流派経済学は全く想定していない。

具体的に述べれば、生産設備が拡充し、なおかつ生産能力が極度に高まれば、人間の労働が次第に不要になり、ついには労働力の需要に対して供給が過剰な状態が生じるということである。すなわち、労働力が余るということだ。

科学、技術はとどまることなく進歩するが、これらの進歩は生産能力を増大させながら、しかも人間の労働を節約する。なぜなら人間にかわって機械やロボットが生産にたずさわるからである。

このようにして人間の労働が余剰になった時点で、人間の労働の価値、すなわち賃金は低下する。なぜなら、市場原理に従えば、あるものの値段は供給より需要が多ければ上がり、供給より需要が少なければ下がるからである。人間の労働の値段もこの原理から逃れることはできない。働こうとする者は、職がなかなか見つからなければ、安い賃金でも働くしかないのであり、雇う側は安い賃金でも働くことを望む者がいる限りますます賃金を下げることができる。

図表㉖にあるように、日本の名目GDPが1990年代のある時点を境に、上昇から下降に転じた原因は「労働力の余剰」にあった。労働力の余剰に対して市場原理が忠実に働く結果、日本全体の賃金の総額である雇用者報酬が減少し、それに連動してGDPが低下しているのである。

経済の発展に対して、これまでプラスに作用してきた市場原理は、ただ一つの経済要素である労働力が、供給>需要の社会構造になったことに反応して、今度は逆に経済の発展に対してマイナスの作用をするようになった。そしてその一つのマイナスの働きが、一国経済全体をマイナスに導き、豊かさを喪失させているのである。

すなわち、ここにおいて、市場原理には限界があることが明瞭になったのである。

市場原理は、いかなる場合にも、どんな時代においても経済を発展させ社会を豊かにする能力をもっているわけではなかった。生産の著しい増大がある段階に達した時、まさにその生産能力の著しい増大を原因として、経済の発展は後退することになったのである。

ただし、市場原理は数多くある経済要素のすべてにわたってその功力を失ってしまったわけではない。他の多くの分野においては、いまだ効力を保ち続けているのであり、決して市場原理は死んだわけではない。

したがって我々は市場原理がマイナスの働きをする部分にのみ、人為的操作を行い、そのマイナスをプラスに転換させる政策を実施すればよいのである。政府のマクロ経済政策によって、国全体の賃金の減少分、言い換えれば「失われた所得」を補塡すれば問題は解決する。

なぜなら、現在の日本経済は市場原理が逆作用するために、膨大な額の総所得（↓250ページ注⑱）を喪失してしまっているからである。

我々がまず取りかからなければならないのは、現実に労働力が余剰になった過程を綿密に検証し、なおかつ失われた総所得はどれほどの額にのぼるのかを、日本全体が保有する生産能力から割り出すことである。

「生産現場の変化と、製造業就業者数の減少」

実際の生産現場は、時代とともにどのように変化してきたかを具体的に眺めてみよう。

かつて、1950〜1960年代はオートメーション化された大工場の製造工程においても、多くの人間の労働が機械による生産を補助する必要があった。ベルトコンベアーで運ばれる部品を多数の人間の手で順次組み立て、次第に電気製品が完成していく様子を写真や映像で、当時よく見たものである。

ところが、科学と技術が長足の進歩を遂げ、その人間の労働が補助していた場所も、機械やロボットに置き換えられるようになり、ついには、巨大な工場の中は機械ばかりで、人間はほんの少人数で十分に用が足りるようになった。

その上、これらの機械やロボットにはコンピューターが組み込まれ、人間の頭脳を代替してより一層複雑な工程をこなすようになり、ますます人間は不必要になった。

イメージ的に大雑把に表現すると、50年前には、ある工場である製品を生産する場合、1

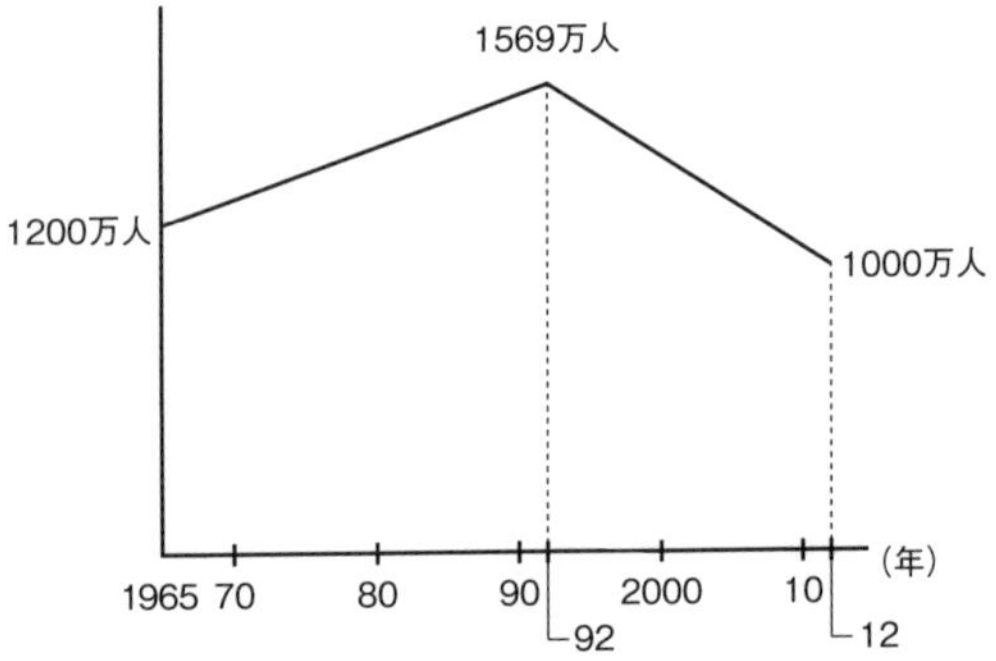

図表㉛：製造業就業者数（総務省「労働力調査」より）

００人の人員が必要であったとすると、現在では同じ製品を同じ数量生産するのに必要な人員は、10人以下どころか、５人以下、あるいは2、３人程度になってしまったと言えるのではないだろうか。

それほど、生産現場においては、人間の労働は機械に取って代わられ、言い換えれば人間の仕事は機械に奪われたのである。

たとえば、現在の自動車工場の生産ラインでは、組み立ては組み立てロボットが行い、溶接ロボットが溶接し、塗装ロボットが塗装するというほどの製造設備の進歩と充実ぶりであるが、これでは人間の働く場所がなくなるのは当然のことである。広い工場の中を見渡しても、隅の方にぽつりぽつりと作業員がいる程度だ。他の工場、家電工場、食品工場、織維工場などでもみな同様である。

図表㉛は製造業における就業者数の推移である。１９９２年までは経済の成長に比例するように順調に就業者数が増加し、１５００万人超のピークに達したが、その後、一転して減少し始め、2012年では1000万人超になっている。ピーク時からは、実に500万人以上も減少し、約2/3になってしまったことになる。しかも、この減少の傾向は、20年以上も継続しており、もはや上向く見込みはなさそうだ。

それだけではない。製造業以外の部門、サービス業などにおいても、人間の働く場はどんどん奪われている。

鉄道の駅には、券売機や自動改札機が設置されているが、かつては、キップを売るのも改札をするのも、駅員が行っていた。

銀行にあるATM。これもかつては窓口で銀行員が、入金、出金、振り込みなどの業務を行っていた。

電気、ガス、水道などの料金も、かつてはそれぞれの集金係が各家庭や商店、会社を回って集金をしていたが、今では銀行口座からの自動引き落としになった。

スーパー、量販店、百貨店などでは、各店舗のレジと本社のコンピューターがオンラインでつながり、販売した商品は、直通で本社のコンピューターに記録され、また、商品納入業者に自動的に発注が行われるPOSやEOSといったシステムが導入されている。かつてのように、電話をかけて注文したり、伝票に記録したりしていた人達は必要なくなった。あるいは、店の棚の商品を数えては表に記録し在庫調べをしていた店員も、今はあまり見かけなくなった。

サービス産業は、多くの人手を必要とする効率化の難しい部門と言われてきたが、今や決してそのようなことはない。製造業のもつ技術革新の勢いは、サービス産業に向けて、業務を効率化する機械や装置を次々に送り込むからである。

このように挙げればきりがないほど、人間の仕事は機械に奪われてきたのであり、この状況は、この先も技術が進歩し続けるかぎり続くだろう。

このように、人間の労働の［供給＞需要］の構造が、社会に深く根ざすことによって、賃金は低下し続けているのであり、雇用者報酬も低下するので、ＧＤＰも減少し続けるのである。


ここで経済指標を用いて、日本経済の１９９０年代の変化の状況を説明してみよう。

まず、１９９１年以降、民間企業設備投資が減少し始めた（図表㉜－Ⓐ）。これは、技術進歩と資本ストックの増大などの生産性の向上により、企業はもはや生産設備を拡充しなくても十分モノの生産が行えるようになったことを示している。

したがって、生産設備を製造する部門（製造業の一部）に人員の過剰が生じ始め、人員削減が開始されることとなった。それまでも、製造業の他の部門では、機械化、ロボット化によって常に人員削減圧力があったが、それと合わせて製造業全体の就業者数の継続的減少が1992年以降始まることになる（図表㉜－Ⓑ）。

その上、1980年代半ば以降、急速な通価高（円高）になり、特に輸出産業が苦境に陥ることになった。ここに、生産拠点を海外に移すことによって起きる国内産業の空洞化が、「労働力の余剰」に拍車をかけることになった。

当然、失業率は上昇することになる（1995～96年ごろから急上昇、図表㉜－Ⓒ）。この時期から企業側は、この労働力の過剰を感じとって、賃金のすえ置きを開始し、なおかつ、非正規雇用を増やし始めることになる（非正規は正規の半分以下の給与）。このことによって、失業率はむしろ低下傾向を示すことになるが、この低い失業率はそのまま信用することはできない。

なぜなら、非正規労働者はいつ解雇されるかわからない不安定な就労であるうえに、正規労働者の半分以下の賃金しか得られないのであるから、まさに半失業状態と言ってもさしつかえないからだ。

したがって、非正規労働者の半数は失業者としてカウントすべきであるのに、正規労働者と同じ就労者としてのあつかいになっている。このような総務省の統計は、とても信用することはできない。現在3％台にある失業率は、右のような方法で正確な失業率を計算すると

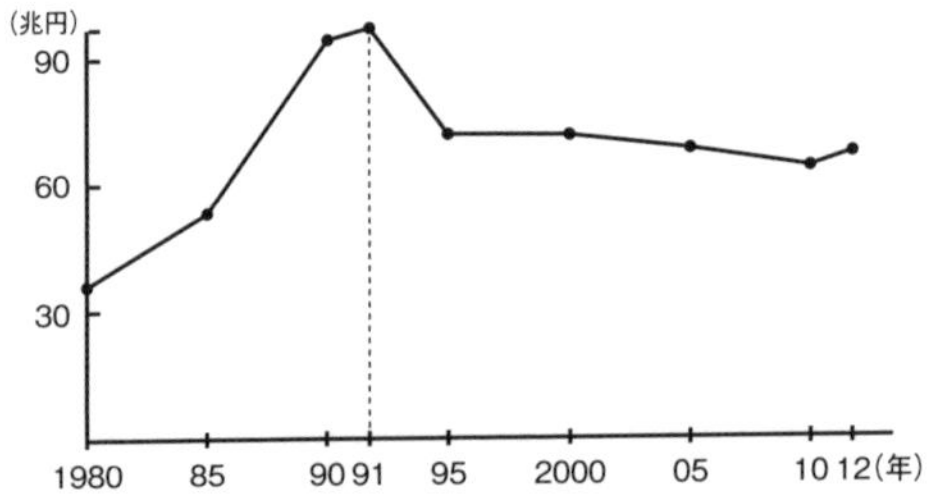

Ⓐ：民間企業設備投資（内閣府「国民経済計算」より）

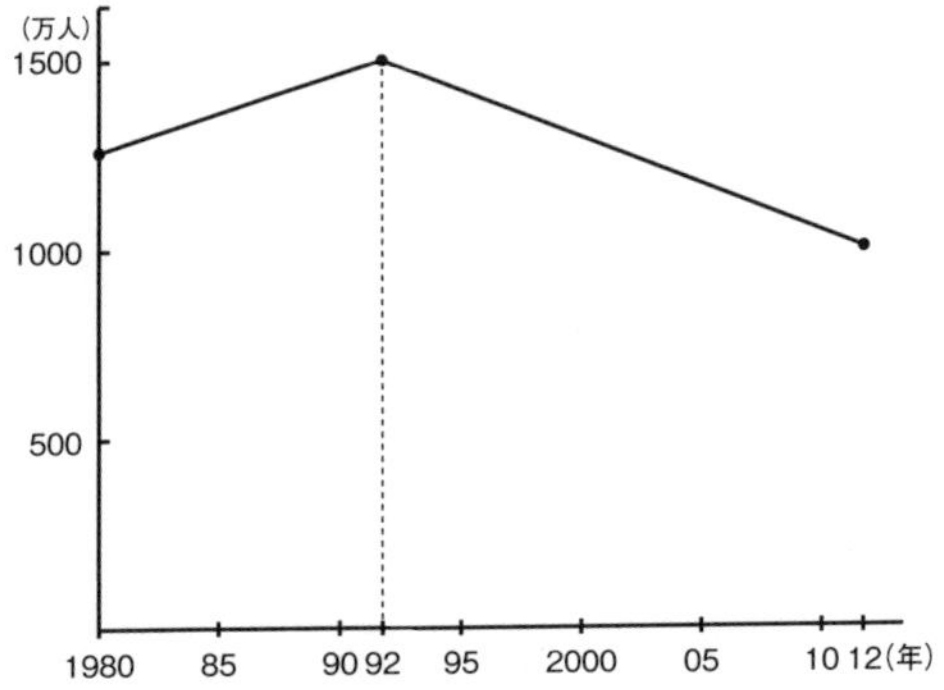

Ⓑ：製造業就業者数（総務省「労働力調査」より）

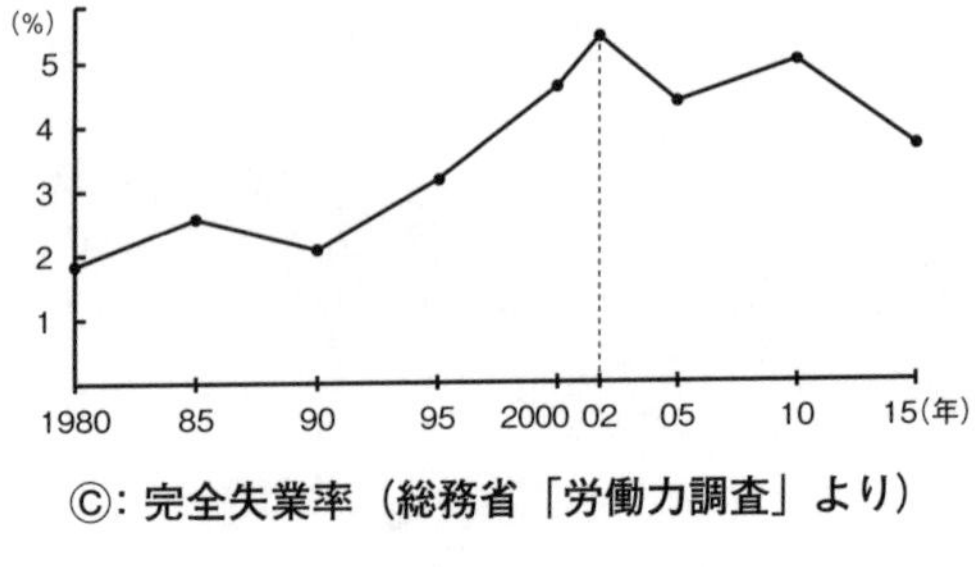

Ⓒ：完全失業率（総務省「労働力調査」より）

図表㉜

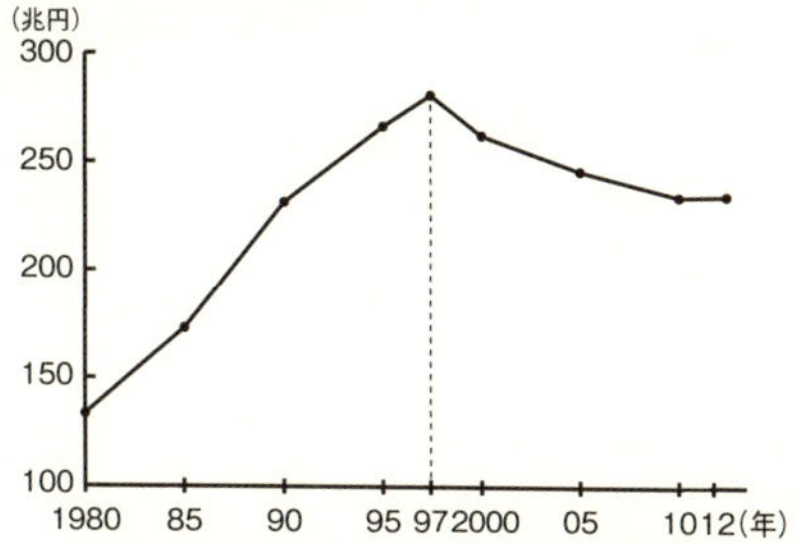

Ⓓ: 雇用者報酬（内閣府「国民経済計算」より）

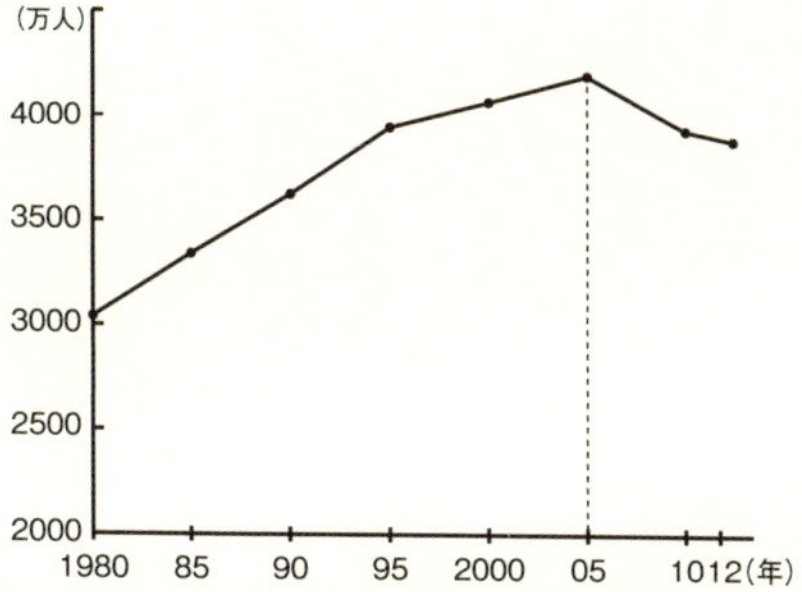

Ⓔ: 第三次産業就業者数（総務省「労働力調査」より）

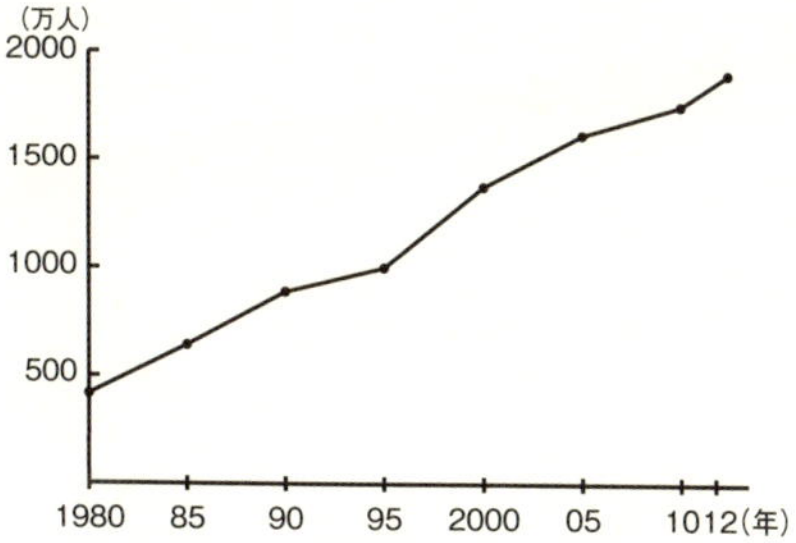

Ⓕ: 非正規労働者数（総務省「労働力調査」より）

図表㉜

おそらく10％を超えると思われる。

非正規労働者の低賃金は、中、小、零細企業の正規労働者の賃金をも低下させる圧力をかけるので、全体的な労働者の賃金、すなわち雇用者報酬はついに、1997年から減少する傾向をたどることになる（図表㉜－Ⓓ）。これは〈製造業就業者数〉が1992年をピークに減少し始めてから、5年のタイムラグを経て現われたことになる。

さて、製造業からはじき出された人々は、次に働く場所は第三次産業（サービス業）部門しかないので、当然、第三次産業の就業者数は増加していくことになる（図表㉜－Ⓔ）。しかし、第三次産業においても、1995年以降増加傾向は弱まり、2005年からはむしろ180万人も減少している。

この間、団塊の世代が60歳以上になり、順次退職していったことも考慮に入れなければならないが、それにしても製造業の減少分が、すみやかに第三次産業へ移行できたとは思えない。非正規労働者数は、1995年から現在までに、800万人増加しているのを見ても（図表㉜－Ⓕ）、第三次産業へ移行できたとしても非正規になってしまった可能性が高いし、製造業にたずさわる者も、かなりの人員が非正規になっている。

これらの状況を眺めると、日本の雇用は実に惨たんたるもので、雇用者報酬が低下の一途をたどるのも当然のことであるだろう。

以上、一連の経済指標を用いて、日本経済の変化の様態を眺めると、GDPが傾向的下降線をたどることになった直接的原因は、〈製造業就業者数〉が、減少に転じた事実にあると言える。

【生産性のパラドックス】

日本経済の1990年代、2000年代を概観して、ここに奇妙な逆転現象、パラドックス的状況が起きていることがわかる。

科学や技術が進歩すればするほど社会は貧しくなるというパラドックスである。

我々は生産性を高めることによって、豊かな社会を築き上げてきたのであり、このことはとても良いことであった。しかし、我々はついに生産性を高めすぎてしまった結果、ある限界点を越えてしまったのである。

働きたい人間、働かなければならない人間全員が労働に従事することが、もはやできなくなってしまったために、十分な所得が得られなくなったということだ。

生産性（生産能力）を高めるとは、同じ数量のモノ、サービスを生産するうえで、それまでと比べ、より少ない人員（労働）での生産を可能にするということである。当然生産能力が、一定限度を越えて高くなれば、もはや労働に従事できない人間が現われることになる。言い換えれば、機械、ロボット、コンピューターが人間の仕事を奪ってしまう社会が到来したのである。

この時、仕事に就くことのできない人間は、当然所得が得られない。あるいは低賃金で労働に従事することを余儀なくされる（非正規労働者）。すなわち、労働力の需給に対して市場原理が作用するために、賃金が低下し、国民全体の所得の総額は低下することになる。総所得が低下すれば、購入することのできるモノ、サービスの総量も減少する。そうすると、モノ、サービスを生産する側（企業側）は、生産を縮小し、その上、生産設備への投資をも縮小するだろう。

このようにして、ＧＤＰの継続的減少と、賃金、物価の下落であるデフレが起きているのである。そして、何度も述べるのであるが、その根元的原因は、生産能力が向上しすぎてしまったことにある。

市場原理の限界点

実に、生産能力の向上とは、産業革命以来、人類社会を豊かにするうえで多大の貢献をしてきたが、人間の労働を奪うほど向上してしまった時点で、今度は逆にその豊かさを失わせる方向に働くことになる。

その分岐点は、〈労働力の不足〉の状態から〈労働力の余剰〉の状態へ転換した時点になる。この時点を〈市場原理の限界点〉と呼ぶことにする。

〈市場原理の限界点〉を越えると、一国経済はそれまでの繁栄の道から一転して衰退への道をひた走ることになる。

我々は、市場原理に則って一国経済を運営しているのであるが、かつては経済発展のために貢献してくれた市場原理は、今や経済衰退のために力を発揮するようになった。

高度経済成長期から安定成長期の1990年代半ばまでは、労働力は、常に 供給<需要 の社会構造にあった。すなわち、仕事の数に対して、労働者の数が不足する状況にあった。当然、各企業は優秀な労働力を獲得するために競争するので、賃金は毎年上昇した。この時代、人々は賃金は毎年上昇するのがあたり前と考えていた。

しかし、賃金は市場原理にのっとって上昇していたに過ぎなかった。生産能力が向上することによって賃金が上昇していたのではなかった。労働力の供給と需要のバランスが逆転したことを機に、今度は賃金が下がり始めたことによってそれは明瞭になった。

［需要不足］

需要不足とは、一国全体の生産能力において、生産された全生産量を、購入するうえでの貨幣量（総所得）が不足しているということである。

生産能力がたゆまず向上し、生産量が増大するのに合わせて、それと一致するように総所得が増加しなかった場合には、その国は需要不足経済に陥る（現在の日本は、はなはだしい需要不足経済）。

この時、総所得を決定するのは、国民の賃金の総額と企業の利益であるので、生産能力の向上に合わせて、賃金が上昇しなければ、確実に一国全体レベルで需要不足になる。すなわち、モノ、サービスを買いたいけれども、国民全体にお金が不足しているので、買えないのである。

モノ、サービスの生産供給能力は高まる一方であるのに、これを購入するのに必要なお金（総所得）が増えないどころか、逆に減っていくので、モノが買えなくて需要不足が起きているのである。

需要を具体化するものは、総所得であり、賃金である。

需要不足は、全般的物価の下落、デフレを引き起こす原因になる。

これに対して次のような考え方をする経済学者、エコノミストがいる。「魅力的な新製品やサービスが生まれてこないので、消費者は購買意欲が起きなくて、社会全般的な需要不足になっている」と。

なるほど、かつてのようにテレビ、冷蔵庫、洗濯機、電子レンジなど、購買意欲をそそる魅力的な新製品が、矢継ぎ早に登場していた時代に比べると、最近はこれというほどの新製品もあまりないようである。せいぜい掃除ロボット、スマートフォンぐらいのものだろうか。

確かに、誰もが買いたくなるようなものが、次々と現われれば、需要不足は解消されるように思うのであるが、これは勘違いというものだ。次々にモノを買うためには、それだけのお金がいるということを忘れている。需要を具体化するものはお金である。人々がモノ、サービスを買ううえで必要なお金を持っていなければ、需要不足はなくならない。

もし魅力的なモノが、次々に開発され、販売されて人々がそれをいっせいに購入したとしても、今度は、今まで売れていたモノが売れなくなる。なぜなら人々は十分なお金を持っていないからだ。

【デフレとは】

デフレと、名目GDPの縮小は、表裏一体の関係にあることを説明しよう。雇用者報酬が下がり続けることを原因として、名目GDPの傾向的縮小が起きているのであるが、同じ原因を元にして、物価の全般的下落であるデフレが起きている。

なぜなら企業側は、雇用者への報酬（賃金）を下げながらモノ、サービスを生産することができるので、生産するモノの値段も年々下げ続けることができる。これが日本に起きているデフレの正体である。

他の原因としては、たとえば、アジアの新興国が工業化して、安価な製品が日本に流入していることも若干影響しているが、これはデフレの根本原因ではない。これらの輸入製品は、種類的には全体の製品のうちのごく一部に過ぎないので、物価の全般的下落であるデフレの原因にはならない。

あくまで、デフレの根本原因は賃金の低下にある。賃金が低下するから名目GDPの縮小が起き、そして同時に、物価の下落（デフレ）が起きているのである。

賃金の低下以外にデフレの原因として考えられるのは、生産能力の向上である。一国全体の総需要と総供給のバランスが、デフレ・インフレを決定するのであるから、総供給を高める生産能力の向上は、デフレ圧力になる。また、総需要を減少させる賃金（総所得）の低下もデフレ圧力になる。

したがって、賃金の低下と生産能力の向上の二つの原因によってデフレが起きている。

そして、生産能力の向上は〈労働力の余剰〉を生み出し、賃金の低下を招く。そうであるなら、一番始めにあるのは、生産能力の向上であり、次に賃金の低下、そしてデフレという順になる。

しかし、賃金は低下しなくても、生産能力の向上だけでもデフレは起きる。あるいは、賃金は上昇してもそれ以上に生産能力が向上すれば、やはりデフレになる。少なくともインフレにはならない。生産能力が著しく向上している現代にあっては、インフレは非常に起きにくい現象である。

日本は世界に先がけてデフレに陥ったのであるが、それは生産能力向上のスピードが、非常に速かったからとも言える。しかし、やがて他の国々も日本に追随してデフレになるだろう。なぜなら、生産能力の向上は、世界的現象であるからだ。

ちなみに、1970年代には非常に根強い高率のインフレが先進各国を襲ったが、これは二度のオイルショックと、人々が抱くインフレ予想がもたらした一時的な経済現象であったに過ぎない。政府の財政赤字が引き起こしたものではない。

以上は、需要と供給によってモノの値段が決まるという、市場に働く原理の説明をしたものであり、あくまでデフレは、市場原理に基づいて起きているのである。

日銀が、インフレターゲット論に従い、大量に国債を買い取って、マネタリーベースを積み上げてもデフレは止まらない。デフレの原因はそこにはないからだ。「成長戦略」によって生産性を高めると、ますますデフレから抜けられなくなる。供給ばかり高めることになるからだ。結局、アベノミクスは失敗に終わるだろう。

「フィリップス曲線とインフレ」

ニュージーランドの経済学者アルバン・ウィリアム・フィリップスは、名目賃金上昇率と失業率の関係について、イギリスにおける1861年から1957年のデータを集計し、これをグラフ上に表記して、右下がりの曲線になることを見出した。

失業率が低い時には賃金上昇率は高く、失業率が高い時には賃金上昇率は低くなるというものであった（両者はトレードオフの関係。図表㉝）。

しかし、これは特に目新しいことでもなんでもない、ごくあたり前のことを示しているのに過ぎない。

失業率が低い時とは、すなわち失業者が少ない状態であり、これは労働に対して需要が高いことを示しているのであるから、当然賃金は上昇傾向を示すであろう。

逆に失業率が高い時は、労働への需要より、供給の方が多い状態であるので、賃金上昇率は低下するであろう。

特定のあるモノに対しては、需要と供給のバランスによってそのモノの価格は決定されるという、誰もが知るところの市場のメカニズムがここには示されているだけで、特に驚くほどのことはない。

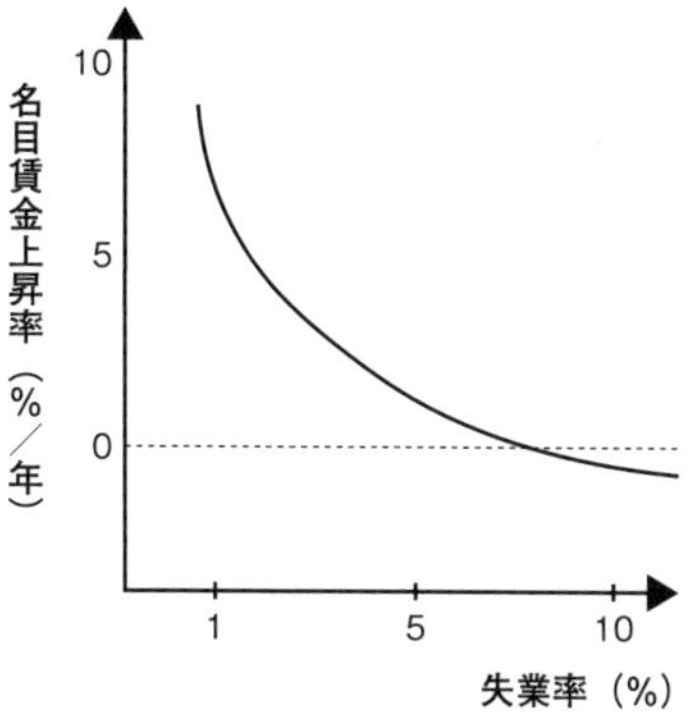

図表㉝：〈本来のフィリップス曲線〉

これまで何度も述べてきたように、人間の働く場が奪われること、すなわち失業率が高くなれば、賃金は低下するということを、フィリップスは、現実のデータによって示したということである。

ところが、後に経済学は、このフィリップスの指摘

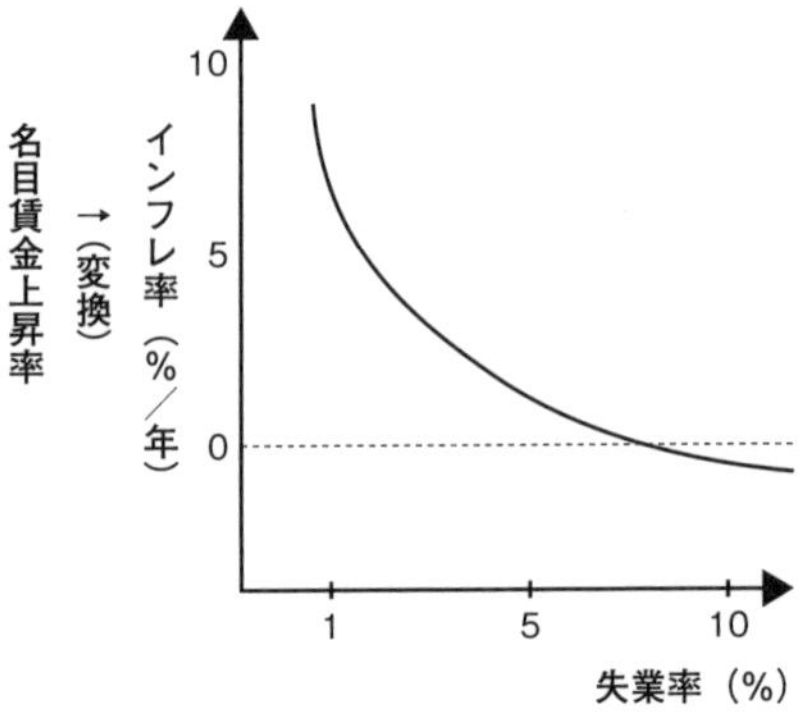

図表㉞：〈後のフィリップス曲線〉

した賃金上昇率と失業率の関係を敷衍《ふえん》して、インフレ率と失業率の関係にまでおし広げてしまった。そして、この両者においても右下がり（トレードオフ）の関係が成り立つとした（図表㉞）。

賃金上昇率とインフレ率は確かにある程度関係性はある。賃金が上昇すれば、その分生産コストも上昇するので、インフレになる傾向性はある。しかし、インフレ率と賃金上昇率は、ピッタリと連動しているというものではない。インフレの原因となるものは、賃金だけではなく、他にいくつもあるからだ（以下〈デフレの説明〉と重複する部分がある）。

インフレの原因

①原材料価格の高騰（かつてのオイルショックが良い例）

②自国通価価値の低下（輸入物価を押し上げる）

③人々が抱くインフレへの予想、期待（多数の人々がこの予想を抱くと、非常に強いインフレ現

象を引き起こす）
④ディマンド・プル・インフレ（総供給に対して、総需要が強い場合、すなわち、超過需要であればインフレになる）

なお、このディマンド・プル・インフレを決定づける要因は二つある。一国全体の貨幣量（総所得、もしくはマネーサプライ）の増加率と、生産能力上昇率である。

生産能力上昇率以上に、貨幣量が増加すればインフレになるが、貨幣量増加率以上に生産能力が上昇すれば、インフレにはならないし、デフレになる可能性がある。

最近の20年近く続く日本のデフレは、まさにこの生産能力の著しい上昇と、貨幣量（総所得）の減少によって引き起こされたものだ。日本のみならず、世界の先進各国の傾向として、インフレが終息してデフレに向かいつつあるのは、この著しい生産能力の上昇がもたらすものである。

以上のように、インフレを引き起こす要因は多様であって、フィリップスが見出した名目賃金上昇率と失業率のトレードオフの関係を、後の経済学者達が、インフレ率と失業率との関係に置き換えてしまったのは、非常に無理があった。賃金上昇率とインフレ率が完全に連動しているわけではないからである。

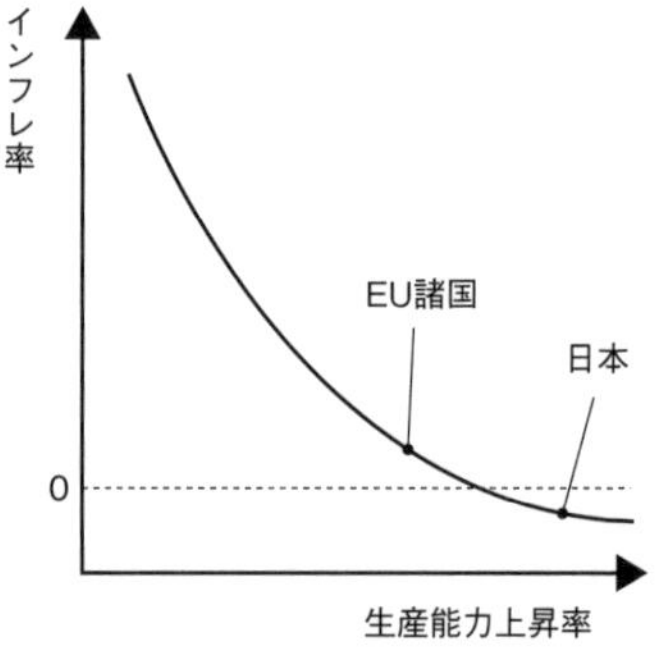

図表㉟

現実においても、統計上、各国の各時代のインフレ率―フィリップス曲線は、ごく短期には右下がりではあっても、長期的にはほとんど右下がり（トレードオフ）の型をなしてはいない。

むしろインフレ率と生産能力上昇率の関係性を捉えるならば、図表㉟のように右下がりの曲線になるようだ。生産能力が高ければ、インフレ率は低いか、もしくはマイナス（デフレ）になり、生産能力が低ければ、インフレ率は高くなるということであって、これもごくあたり前のことを示しているに過ぎない。

ただ言えることは、20世紀の後半から今日に至るまでの各産業の生産能力の上昇率は、まことにすさまじいものがあるので、この生産能力の向上を、経済現象の変化の重要な要因として、また経済理論をうち立てる際の中心的要素として、組み込まなければならないということである。

もっとかみくだいて言うと、生産能力の著しい向上さえしっかり認識できれば、現状の経済現象の大部分は、容易に説明できるということである。

18世紀、19世紀の生産能力向上のほとんどなかった牧歌的時代にうち立てられた経済理論では、現在の経済現象を説明することはとうてい無理である。

第二章

「数量ベースの生産性と、金額ベースの生産性」

これまでに、「生産能力」「生産性」という経済用語を無雑作に用いてきたが、この用語を厳密に定義しておく必要がある。

生産性（労働者1人当たりの）＝ＧＤＰ／労働者数

とすると、これは金額ベースの生産性を表しているのであって、数量ベースの生産性を表しているのではない。すなわち、生産されたモノ、サービスの数量ではない。ＧＤＰは、一国全体で生産された付加価値の総額であるので、金額で表示されるからだ。

これに対して、

生産性（労働者1人当たりの）＝生産数量／労働者数

は、数量ベースの生産性であり、これが本当の生産性（生産能力）を表すものだ。しかし、一国全体で生産されたモノ、サービスの数量を計測するのは、非常に困難なので（特にサービスの数量）、通常は、GDPを用いて生産性を表す。

ここでよく考えなければならないのは、数量ベースの生産性の上昇があっても、金額ベースの生産性の上昇があるとは限らないということである。機械などの生産設備が向上して生産数量は増加しても、〈労働力の余剰〉によって、一国全体の賃金の低下があれば、当然GDPは低下するので、金額ベースの生産性も低下する。

しかし、このようなことは〈労働力の余剰〉という市場原理の限界点を越えたことによってても起きるが、それ以前でも実は頻繁に起きていた。テレビやパソコンなどのように、生産開始当時は、非常に高額であったものが、年々価格が低下していったという例は多数ある。

これは、テレビ、パソコンなどを生産する設備、機械の能力が向上したことによって、低価格化が実現できたこともあるし、同業他社との価格競争にさらされた結果、価格を下げざるを得なかった場合もあるだろう。このようにして、モノの価格が低下すれば、付加価値の総額（GDP）も低下する。結果的に金額ベースの生産性も低下するのである。

いずれにしても、生産能力が向上したことによって、生産数量が増加しても、金額ベースの生産性はそれに比例して増加するというものではない。

それでは、数量ベースの生産性と金額ベースの生産性と、いったいどちらが本当の生産性を表しているのか（ただしこの場合、数量ベースの生産性は測定できない。一方、金額ベースの生産性は、統計により数値化される）。

結局、我々は、本当の生産性を知ることはできないと言わなければならない。

我々にできることは、生産能力と需要のバランスを保つように、人為的に一国の経済状態を調整することである。生産能力と需要のバランスが保たれた状態とは、一国全体で生産されたモノ、サービスがすべて需要される（売り切れる）状態のことであり、別の言葉を用いると、需給ギャップ（GDPギャップ）のない経済状態のことである。この経済状態を、人為的に造り出した時に（人為的に造り出さなければ、自然には達成できない）、決定される総所得（分配面のGDP）が、本当の生産能力を金額ベースで正しく表していると推測されるのである。

さて、著しい生産能力の増大を続ける経済社会にあって、あるいは、著しく豊かになりつつある社会にあって、その豊かさを適正に評価した貨幣量（総所得）を決定する重要な要素は賃金である。

そうであるのに、〈市場原理の限界点〉（126～127ページ参照）以後、賃金は低下し、豊かになるのとは正反対の貧しい社会がどんどん現実になりつつある。これは、所得あるいは豊かさの漏出であり、喪失である。

現行の経済システムでは、豊かさを把握し、すくい上げることが、もはやできなくなってしまっているのだ。

よって、現行の経済システムを変えるしか、豊かさを取り戻す方法はない。今のシステムを維持し続ける限り、豊かさの喪失はやまないだろう。

ミクロの欠陥をマクロが是正する

経済には、生産面と貨幣面の二つの面があり、生産面が主で、貨幣面は従であると述べた。生産があるからこそ、それを流通分配するうえで貨幣が必要になるのであり、もし、生産がなければ、貨幣も存在する必要がなくなる。ミクロの経済主体は、この従であるべきはずの貨幣に強く拘束され、主であるべきはずの生産を正しく評価することができない。経済において、生産が主で貨幣が従であるなら、貨幣量は生産量に一致していなければならない。そうであるのに、貨幣量が生産量に一致せず、生産量を下回る量になってしまうのであれば、その経済システムには欠陥があるのであり、その欠陥は是正されなければならない。

しかし、ミクロの経済主体は、この欠陥を是正する能力を全くもっていないので、一国内において、唯一、市場原理の外に存在する政府が、マクロ経済政策を行うことによって、この欠陥を是正するのである。

その是正の方法は、政府紙幣を刷って人為的に所得を生み出し、これを国民に支給するというものである。すなわち、これまでに失われ、漏れ落ちた所得を取り戻し、国民に分配するのである。なぜ、政府紙幣でなければならないのか。それは、失われた貨幣を回復するための貨幣であるからだ。

本来世の中に存在していなければならないのに、失われて世の中から消え去ってしまった貨幣であるので、政府が新たに造り出して、世の中に送り込まなければならないため、プラスの貨幣である政府紙幣でなければならない。

こうして、はなはだしい需要不足経済を解消し、経済の活性化を図るのである。経済が活性化し、需要が高まれば新たな雇用が生まれ、〈労働力余剰〉の状態を再び〈労働力不足〉の状態に戻すことができるだろう。そうすれば、賃金が市場原理に従って上昇する経済社会が再現されるのである。

このようにして、政府は、国全体の経済を人為的に調整する役割を実行すればよい。これがマクロ経済政策である。

この時、政府は、生産量と貨幣量（総所得）が一致するように貨幣を補充するのであるから、一国経済全体に何らの不都合な問題が生じることもない。と言うよりはむしろ、一国経済を本来あるべき円満な姿に戻すのであるから、現在生じている経済上の様々な問題点が、一つずつ解消されていくだろう。

さて、政府紙幣を用いて、具体的にどのような方法で失われた所得を国民に支給するのかというと、子供を除いて、成人1人につき、20万円から30万円程度のボーナスを、かつて行った定額給付金（↓250ページ注⑲）の手法を用いて、各国民の預金口座に振り込む。子供に支給しないのは、子供は労働をしないので、所得を喪失してはいないからだ。このボーナス支給を年に2回、2、3年続けてみることだ。永久に続けるのではない。

このことによって、社会にどのような変化が起きるか考えてみよう。

ボーナス支給額を20万円として、各人は20万円のうち、半分の10万円を貯蓄に回し、10万円を消費するものと仮定する。成人の人口は約1億人（総務省統計局「人口推計」）であるので、10兆円（10万円×1億人＝10兆円）の消費が日本国内で新たに生まれる。

この10兆円の消費は10兆円のままで終わるわけではない。2倍の乗数効果が働くと仮定すると、約20兆円のGDP増加になる。これが年2回起きるので、約40兆円のGDP押し上げ効果になる。

次に、ボーナスを30万円とし、やはり半分の15万円を消費するものとすると、

（15万円×1億人＝15兆円）

（15兆円×2×2＝60兆円）

GDPは約60兆円増加することになる。これは現在の日本のGDPの1割強にあたる。

以上、失われた所得を支給するというマクロ経済政策を行うことによって、実現する活気のある経済社会、これこそが日本経済の本来の生産能力にかなった自然な姿であり、国民が、旺盛、活発な消費を行っても、すべての生産部門は、高い需要に応えられるだけの生産を十分行うことができるのである。

モノ、サービスへの需要が高まれば、当然生産する側（企業）は、生産量を増加させることになる。この時、企業は労働力を増強して生産の増大に対応することになり、生産現場において、広範囲に労働者の雇用が起きるだろう。あるいはサービスに対する需要の高まりから、飲食店、その他のサービス自営業の増加も起きるだろう。

自営業者が増加すれば、雇用全体に与える影響は大きい。1970年以降現在までに、自営業者は約半分に減ってしまったが（図表㊱）、このことは、自営業者が自営から雇用者に転業したということであり、雇用者の過剰、すなわち〈労動力余剰〉に拍車をかける原因になった。自営業者が、一定数存続することは、労働、雇用状況を守るうえで重要なことなのである。

年	自営業主
1950	944万人
55	952
60	975
65	944
◎70	1025
75	941
80	954
85	897
90	831
95	782
2000	719
05	675
10	558

図表㊱：総務省「国勢調査」より

根本的解決策は、「労働力不足」状態をつくること

〈経済の限界点〉を越えてしまったことによって起きている日本経済の低迷とデフレから抜け出すためには、〈労働力余剰〉を再び〈労働力不足〉の状態に戻すしかない。

しかし、それはもう一度、かつての生産能力の低かった時代に戻るということではない。わざわざ、機械の性能や効率を悪くし、ロボットやコンピューターを廃棄処分にして、人間が働く場を取り戻すということではない。そんなことができるはずはないし、また、そんなことをしなくてもよい。

我々がとる方法は、失われた所得を支給することによって、需要不足を解消し、雇用をつくり出し、〈労働力余剰〉の状態を再び〈労働力不足〉に戻すことによって、市場原理にのっとり、賃金の上昇を実現することである。これが実現できた時点で、政府は所得の支給を終了する。

なぜなら〈労働力不足〉の社会になった以上、あとは賃金の自然上昇が起きるはずであるから、需要不足は解消し、経済は自力で活性化の方向に進むだろう。この自力で活性化する状態をつくり出すまでが、政府のマクロ経済政策の役割である。

【ワークシェアリング】

労働者の数に対して、仕事の数が少ないのなら、ワークシェアリングを行えば、全員が仕事を得られるうえに、労働時間を短縮することができるからよいではないかという意見があるだろう。

しかし、ワークシェアリングを行って、労働時間を短縮すれば、それだけ賃金は低下する。なぜなら、雇用する側（企業）は、労働時間が短くなれば、当然、その分の賃金をカットするからだ。

企業は、同業他社と競争するうえで、コスト削減をしなければならないが、コストを下げるには、人件費の削減ほど有効なものはないだろう。

結局、ワークシェアリングによって、雇用者数が増加しても、賃金の低下があるので、総所得は増加しない。よって経済は活性化しない。

モノの生産とサービスの生産の区別

国民の失われた所得を回復することによって、日本経済はどのような形で正常な状態に戻っていくのかを、詳しくシミュレーションしてみよう。ここで、同じ生産でも、モノの生産とサービスの生産をはっきり区別して考えることが、重要になってくる。

人々は、モノを購入する場合は、必要な数量だけ購入するのであって、お金に余裕があるからといって、必要以上にモノを買ったりはしない。冷蔵庫なら一家に一台、洗濯機も一台あれば十分で、それ以上家に備えてもじゃまにしかならない。テレビもせいぜい、一家の人数分あればよいだろう。

このように、モノの場合は、人にとって必要とする数量があるので、生産する側は、この必要数量以上に生産することはないし、生産しても売れることはない。

ところが、サービスに関しては、人々の欲する数量は限定されない。たとえば、最もポピュラーなサービスとして、外食がある。人々は月に1度か2度外食をすればそれで十分で、もうそれ以上外食する必要はないと考えたりはしないだろう。お金に余裕があれば、もっと外食をしたいと思うに違いない。月に3度でも4度でも家族で外食したいだろうし、勤め帰りには、同僚としょっちゅう飲み屋に寄りたいと思うものだ。

また、旅行にしても、余裕があれば国内でも海外でも、いろいろな所に行きたいだろうし、趣味やレジャーにもお金を使いたい。

このようにサービスへの需要は、モノとは違って、金銭的余裕さえあれば、人が欲するサービスの数量は限定されない。

要するに、人々の金銭的余裕をつくり出すこと、すなわち、政府が、国民に所得を支給することによって、サービス産業を活性化すれば、ここに雇用、労働の場を多数生み出すことができる。

モノの生産については頭打ち状態であっても、サービスの生産は無制限に近い。現状では、人々はサービスを受けるうえで、十分なお金（所得）を得ることができないだけなのだ。

こうして、人々が外食をする回数が増えれば、食堂、レストラン、飲み屋が、従業員を増やすだろう。また、自分で店を開く者（自営業者）も増えるだろう。

旅行をする人々が増えれば、旅館、ホテル、旅行会社、交通機関が従業員を増やすだろう。その他、様々なサービス業において、労働する人員が増加することになり、そして、この増加した労働者は、自分の得た所得を使って、再び、モノ、サービスを消費するのである。

新たに飲食店を開業するとなると、厨房機器や、テーブル、椅子、食器類、空調設備などを購入するだろうから、これらのモノを製造する部門も仕事量が増えることになる。あるいは、店内を改装すれば、建築にたずさわる者の仕事も増え、建築資材を製造する会社も仕事が増えるので、これらの部門でも人員を増加させるだろう。

飲食店などの自営業が増えれば、貸店舗を周旋する不動産業も、活況を呈することになり、それまで空き店舗の所有者であった家主も、家賃収入があるので、消費を増やすだろう（現在、街中を歩くと、いたるところに空き店舗の札が下がった物件を見る）。

このようにして、サービス業に活気が出てくると、他のサービス部門から、製造業部門に至るまで、広範囲に需要が沸き起こり、労働力に対する需要が高まるのである。

政府が国民に所得（正確には失われた所得）を支給することによって、主にサービス産業を活性化し、雇用者、自営業者を増加させ、労働の需要と供給のバランスを 需要＞供給 の状況に人工的に転換させるのである。

そして、この労働の 需要＞供給 の社会構造さえでき上がれば、あとは自然に、賃金が上昇を開始する。なぜなら、あるものに対する需要が供給より高ければ、市場原理が働いてそのものの価格は、上昇せざるを得ないからだ。
政府は、市場原理が総所得を増加させ、社会全体を豊かにする方向に作用するように、社会状況を人工的に整えるのである。

以上の政策の結果、現実に起きる雇用状況の変化としては、まず、望まざる非正規労働者が順次減少し、やがてほぼ全員が正規に移行するだろう。労働力に対する需要が高まれば、企業側は、非正規で募集しても人員を獲得できなくなるので、正規採用をする以外になくなるからだ。

このようにして、望まざる非正規労働者が、正規労働者に移行するに従って、総所得は上昇していくのであるが、全員正規になってもなお、年々賃金が上昇する雇用状況を維持しなければならない。なぜなら、一国全体の生産能力は、確実に年々向上するからである。

経済現象と自然現象の違い

経済は人間が造ったものである。人間が長い年月をかけて、経済的営みを続けてきたその集大成として現在の経済がある。経済システムがあり、経済現象がある。

経済現象と自然現象とは違う。自然現象は人間が造ったものではない。自然界にもともと備わる現象であり、自然の法則は、人間の力によって変えることはできない。自然の法則を人間が利用することができるだけである。

たとえば、電子のもつ性質、法則を利用して、発電をし、モーターやいろいろな電気機器を稼働させることができる。電子の性質、法則を、人間が変えることはできないのであるが、これを利用することはできるのである。

それに対して、経済現象は、人間が生み出し構築してきたものである。人間が造り上げたものである以上、その仕組みに人間にとって不都合な点が生じたのであれば、人間が造り変えればよいし、造り変えることができる。

よって、我々は、経済の中で、人間にとって都合の良くない部分は遠慮せずに変えるべきであるが、大幅に変えると社会に無用な混乱を与えることになるので、変えるのは必要最小限にとどめなければならない。ほんの少し変えて、最大の効果を引き出すのである。

我々は、市場原理を中心に据えた経済運営を行っているのであるが、この点は変える必要はない。市場経済をやめて、共産主義になるわけではない。そんなことをすれば世の中は大混乱を来《きた》してしまう。

市場原理を生かしたまま、その市場原理が、我々にとって有益な作用をしてくれるように、ほんの少し状況を変えて、経済がうまく機能するようにお膳立てをするのである。

財政、すなわち財源を、「税収＋国債発行」によるのではなく、政府紙幣を刷って本来国民が得られたはずの所得を、政府が国民に支給し、一国経済を正常に発展する状態に戻し、戻し終われば、所得の支給も終了する。たったこれだけでよい。誰も、何か苦労することも損をすることもない。そして、ほとんど手間はかからない。

本当の生産能力は「製造業就業者数」に表れる

さて、ここまで、飛躍的に進歩する生産能力に見合った貨幣量が、世の中に供給されなければならないのに、「労働力の過剰」に伴う賃金低下によって、我々は膨大な額の所得を喪失してしまったということを説明してきた。

それではいったいどれだけの額の所得を喪失してしまったのであるか、あるいは同じことだが、我々が保有する本当の生産能力を貨幣に換算するとどのくらいになるのか、ということを知る必要がある。そうしなければ、政府紙幣によって失われた所得を支給する総額の目処が立たない。

今日に至るまで、経済学は、モノ、サービスの付加価値の合計額（ＧＤＰ）を一国の生産能力を表す指標としてきたのであるが、このGDPは所得が漏れ落ちたあとの残りの額であるので信用できない。

では、いったい何を本当の生産能力の指標とすればよいのであろうか。金額ベースの生産能力ではなく、数量ベースの生産能力を知るにはどうすればよいのであろうか。

それは「製造業の就業者数」の推移、変化を促えることである。

なぜなら、「製造業就業者数」の減少分は、一国生産能力の向上分を表しているからだ。

それはどういうことかというと、製造業が、モノを生産するからこそ他の産業も成り立つのであり、一国経済の生産能力のほぼすべては、製造業に凝縮されているからである。

製造業が生産するモノとしては、主に家庭で購入される様々なモノを思い浮かべるだろう。電機製品、家具、自動車などの耐久消費材から、日用品、消耗品に至るまで、実に多種多様なモノを生産している。しかし、製造業が生産するモノは、家庭向けの製品に限られるわけではない。

第一次産業（農林水産業）、第二次産業の建設業、第三次産業（サービス業）、これらの部門は、いずれも製造業が造ったモノ（機械類、道具類、備品、材料）を使用することによって、生産を行っているのである。

このことを、すべての産業部門を列挙して、図示すると図表㊲のようになる。

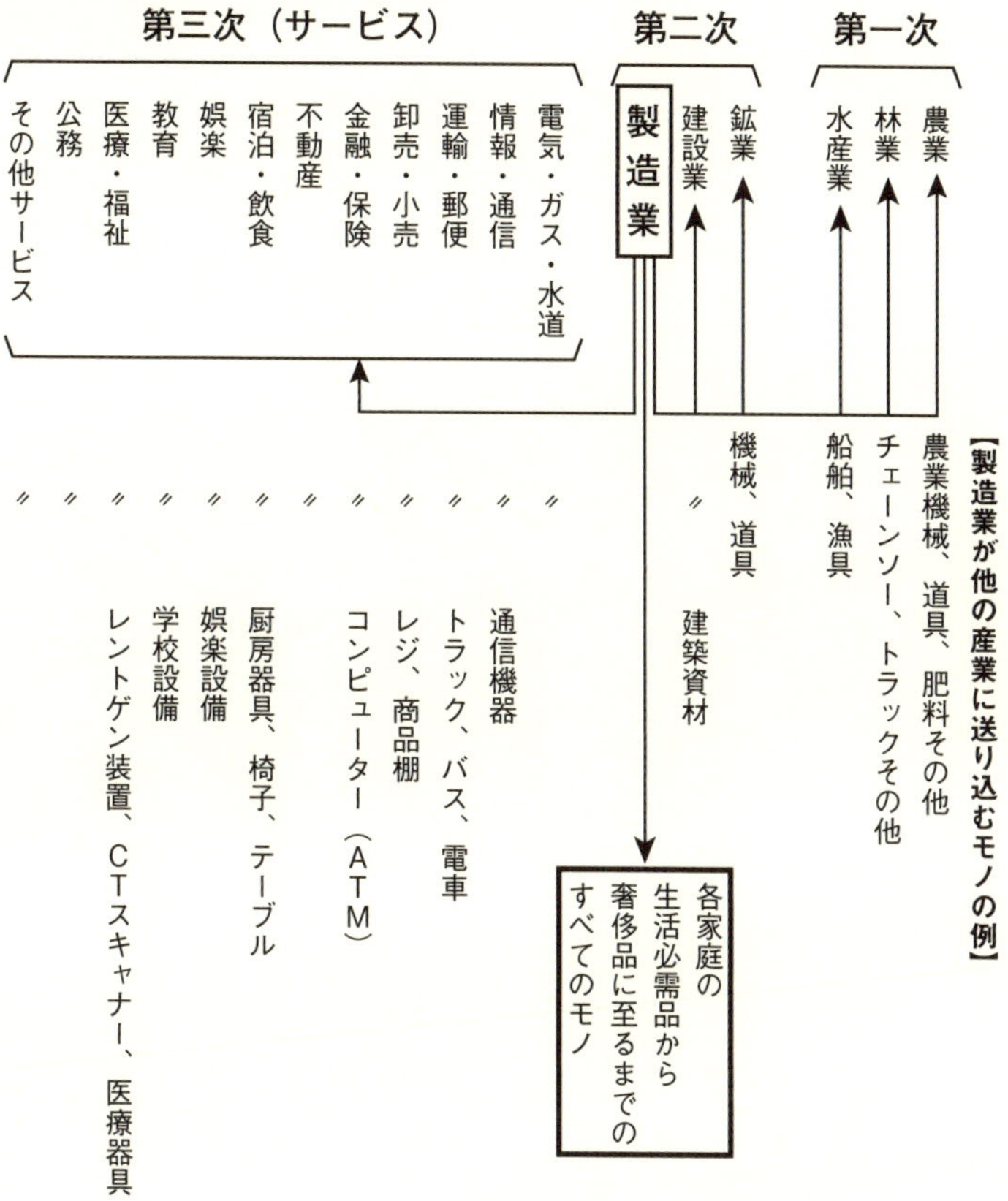
第三次（サービス）
第二次
第一次
製造業
電気・ガス・水道
情報・通信
運輸・郵便
卸売・小売
金融・保険
不動産
宿泊・飲食
娯楽
教育
医療・福祉
公務
その他サービス
鉱業
建設業
農業
林業
水産業
【製造業が他の産業に送り込むモノの例】
農業機械、道具、肥料その他
チェーンソー、トラックその他
船舶、漁具
機械、道具
〃
建築資材
〃
通信機器
トラック、バス、電車
レジ、商品棚
コンピューター（ATM）
〃
厨房器具、椅子、テーブル
〃
娯楽設備
学校設備
レントゲン装置、CTスキャナー、医療器具
〃
各家庭の
生活必需品から
奢侈品に至るまでの
すべてのモノ

図表㊲

「モノがなければ他の産業は成り立たない」

どんな産業部門であっても、その部門の機能を果たすうえで必要なモノがなければ、仕事にならない。ただ人間が存在するだけでは、なにもできない。

たとえば、飲食店について見てみると、必要なモノは、なべ、かま、ガスコンロなどの厨房器具から、皿、コップ、テーブル、椅子、さらには、照明器具から空調設備、換気扇に至るまで、実に多彩なモノがそろっていて初めて飲食サービスを提供することができる。ただコックさんがいるだけでは、なににもならない。

食材については、農業、水産業から送り込まれるのであるが、農業、水産業も製造業が送り込む機械、道具を使って初めて生産や収穫ができるのである。

比較的人間の技能だけでできるサービスとしては、たとえば散髪屋はどうだろう。クシとハサミがあればできそうに思うのであるが、実際に散髪屋に行ってみると、大きなゆったりとした椅子があって、それは電動式で上がったり下がったり、背もたれがたおれたりと、巧妙な造りになっている。椅子の前には大きな鏡があり、その下には洗髪ができるようにシャワー設備がある。

道具類としては、バリカン、ドライヤー、カミソリなど、その他、煮沸消毒器、パーマ用の設備、パーマ液、毛染め液、もちろん空調設備があり、テレビもある。そして表には散髪屋特有の螺旋の看板塔がある。

実にものすごい種類のモノに囲まれて、彼らは商売をしている。

他の業種もすべて同様で、およそモノがなくてできる商売、仕事、事業などあるものではない。唯一思い付くのは、出張マッサージであろうか。これなら、自分の身体と技術さえ持って行けば商売ができる。

これほど我々は、モノに囲まれて生活し、モノを使って仕事をし、生産活動をしている。そして、これらのモノの生産は、分類上では製造業部門がすべてを担っているのである。だからこそ「製造業就業者数」の変化を見ることは非常に重要であり、この数字の減少は、生産能力の増大をじかに示すことになるのである。

経済の実体は「生産」であるが、生産には2種類あると、区別して考えた方がよい。すなわち

○モノの生産
○サービスの生産

そして、モノ（各産業部門で使われるすべてのモノ）の生産が完了した時点で、一国経済の生産全体の第一段階は完了したと考えてよい。なぜなら、この時点で、あとは各人がそれぞれの部署に各人の身体を運び、これらのモノを用いて、仕事、商売、事業を行えばよいだけだからだ。

もし、身体を運んでも、仕事をするうえで必要なモノがなければ、人間は何もできない。もし、産業部門全体で、仕事上の必要なモノが全くなければ、全産業は業務がすべてストップしてしまうことになり、経済もすべてストップしてしまう。どんなに人間がたくさんいて仕事をしたいと思っても、どうすることもできない。現代の経済は成り立たない。

このように考えてくると、すべてのモノを生産する設備ができ上がった時点で、生産面の経済、モノ、サービスの生産を行ううえでの準備は完了したと考えることができるのである。

したがって、経済全体に占める製造業の役割は7割以上はあると考えられるので、「製造業就業者数」は、経済の実体である「生産能力」の大部分を表わしていることになる。

すなわち、「製造業就業者数」が10％減少したとすれば、それは製造業の生産能力が、10％向上したのであり、ひいては、経済全体の生産能力も10％近く向上したと言えるのである。

日本経済の本当の生産能力は、金額ベース（付加価値額）では把握することはできないが、「製造業就業者数」の変化を見ることによって、おおよそ把握することができるのである。

戦後、経済成長とともに順調に増えてきた「製造業就業者数」は、1992年に1500万人に達すると、以後継続的に減少し、2012年には、約1000万人とピーク時の2／3にまで減少してしまった。

このことはいったい何を意味するのか。1992年当時と現在と、日本全体で生産されるモノの数量は同じであると仮定すると、同じ数量のモノを1000／1500、すなわち2／3の人員で生産することが可能になったのであり、製造業の生産能力は、2／3の逆数3／2＝1・5倍に増大したと考えることができるのである（→250ページ注⑳）。

これは、日本全体の製造業の生産設備の能力が1・5倍になったのであり、製造業にたずさわる人員が2／3に減っても、同じ数量のモノを生産することができるようになったということだ。

製造業の生産設備の能力が1・5倍になったということは、これはそのまま、日本の全産業の生産能力が、1・5倍になったと考えることができるのである。

なぜなら、製造業にたずさわらなくてもよくなった人員が、他の産業（主にサービス産業）に移行し、その部門の生産を増大させるからである。この場合、製造業部門の人員は減っても、生産数量は同一であるのに、サービス部門は人員が増えることによって、サービスの生産数量は増加するので、サービスの生産数量の増加分だけ、この経済社会は全体の生産能力が増大したことになる。

よって、「製造業就業者数」の減少は、この国の生産能力の増大になるのである。

なおかつ、製造業は、他産業部門に向けて、人員削減を可能にする機械を製造して送り込む。先に述べた駅の券売機や、自動改札機、銀行のATMなどがこれに相当する。

最近では、すしロボットや、ぎょうざロボットなども開発されているようであるし、これから先も製造業は、サービス業、及びその他の産業部門に向けてどれほどの機械を送り込んで、人員削減に寄与するかわからないぐらいだ。

したがって、一国全体の生産能力の増大を正確に表す指標は、

〈製造業就業者数の減少分〉＋〈製造業が他産業に向けて機械を送り込んだことによる他産業の就業人員の減少分〉

ということになる（↓251ページ注㉑）。

「産業の空洞化とアジアからの輸入」

しかし、ここで反論が起きるだろう。なるほど、製造業部門が、全産業の中で最も重要な部門であることはよくわかった。が、現代の日本においては、製造業は相当数の生産拠点（工場）を海外に移転させ、産業の空洞化が起きているのであり、このことが原因で、「製造業就業者数」の減少が起きている可能性が高い。

あるいは、近年は、中国を含めた東南アジアが工業化して、安価な製品を大量に生産し、それを日本が輸入することによって、競合する国内の製造業が敗退し、就業者数が減少していることなどもあるので、「製造業就業者数」の減少を見て、単純に国内の生産能力の向上と判断するのは早計ではないか。

なるほど、かつてと比べて日本はアジア諸国から製品を大量に輸入するようになり、「貿易・サービス収支」は2011年より赤字に転落している（図表㊳）。

ただし、「所得収支」（→251ページ注㉒）はそれを上回って黒字であるので、これらを合計した経常収支は依然として黒字である。すなわち、日本は最近になって海外からモノを大量に輸入するようになったが、しかし、日本からも海外に大量にモノを輸出し、その上、海外に

図表㊳

（兆円）

	2010年	11年	12年	13年
貿易・サービス収支	6.9	−3.1	−8.1	−12.3
所得収支	13.6	14.6	14	17.7
経常収支	19.4	10.4	4.8	4.5

財務省「国際収支状況」より

向けて行った投資の収益が日本に入るので、日本が海外に支払うお金より、海外が日本に支払うお金の方が多いのである。

言い換えると、日本は海外からモノを買い入れても、それと同じぐらいモノを造って海外に売っているのと同じであるから、輸出入においてはほぼおあいこになるということだ。

これは、日本の輸入分は、実質的には日本が生産したのと同じであると考えて差しつかえないということである。

もし日本が一方的に輸入ばかりしているのであれば、その輸入分は日本の生産分とは言えないのであるが。

以上のことから、海外からの製品の流入に起因する日本の製造業の衰退に伴う就業者数の減少、及び企業の海外進出による就業者数の減少は、いずれも日本の製造業の生産能力の向上と考えてよいのである。

ここで、貿易についてより深く考えてみることにしよう。

日本は1960年代半ばからは、貿易収支、経常収支は継続的に黒字であったが、1980年代半ば以降は経常収支の黒字額は大幅に拡大し、毎年10兆円を超えるまでになった。わけても、自動車、家電製品をアメリカに向けて「集中豪雨的」に輸出したため、1980年代から1990年代にかけて、日米間には激しい貿易摩擦が起きたほどであった。

しかし、この時代の日本は、これほどの輸出を行うことによって果たして本当に豊かになれたのかどうかというと、大いに疑問が残るのである。

確かに輸出によって外貨は稼いだが、それだけで国は豊かになるわけではない。外貨を使って外国からモノを購入して初めて豊かになることができる。輸出するのと同額の輸入をしてこそ実質的に豊かになることができるのである。

ところが当時の日本は、天然資源や食料は輸入したが、製品の輸入はほとんどしなかった。なぜなら、国内で使用する製品は、ほぼすべて国内で生産したからだ。国内で使うモノは、みな国内でつくったうえに、なおかつ生産能力があり余っているので、外国に向けて大量に製品を輸出することになってしまったのである。

これでは日本は一生懸命働いて外国にモノを提供する奉仕活動をしたのと同じことであっ

た。外貨を稼いでいるので完全な奉仕活動ではないが、それでもそれに近いものがあったと言える。

このような一方的な輸出をすることは決して望ましいことではない。輸出をするのなら、それと同じぐらい輸入しなければバランスがとれない。

その意味では、最近では途上国が工業化して安価な製品が大量に生産され、日本に流入するようになったが、これは非常に良いことであり、この流入してくる品々は、外国でつくってくれるので、もはや日本国内でつくる必要がなくなったのである。つくらなくても手に入るようになっただけ、日本は豊かになったといえるのである。

しかし、それはおかしいではないかという意見があるだろう。つくらなくてもよくなったと言うが、今まで、その品物をつくっていた国内の企業、及びそこで働いていた従業員はどうなるのか。倒産し、失業するではないか。どうしてこれで良いといえるのか。

ただし、ここにマクロ経済政策を施行し、豊かさが漏れ落ちた分を補填しなければならない（「ミクロの欠陥をマクロが是正する」本書141ページ〜で説明）。そうすれば製造業部門で職を失った人々も、サービス業へとすみやかに移行できるのであり、何の問題もない。

要するに、産業の空洞化も、アジアからの商品流入も、日本の豊かさを失わせるものではないのである。

ミクロとマクロの違い

ここでミクロ経済とマクロ経済の違いについて、詳しく説明しなければならない。世界の中で、自国だけが豊かになれると考えるのは間違いだ。というよりは、他の国々も豊かになった方が、より一層自国も豊かになれるというのが一番正しい。

わかりやすく説明するために、世界にはA国、B国、C国の三つの国しかないと仮定する。

A国は、近代的な産業が発達した非常に豊かな国であるとする。一方、B国とC国は、農業や漁業によって、日々の暮らしをかろうじて送る程度の、経済的に遅れた国々であるとする。

そうすると、A国は自国一国の豊かさを享受することはできるが、それ以上の豊かさは望めない。なぜなら、B国もC国も、自分達の衣食住の生産だけでぎりぎりであり、他国に輸出できるようなモノの生産は行っていないからである。

すなわち、この場合、A国は交易（貿易）による豊かさを受けることはできない。ただ、自国内で生産を行い、消費するだけである。

しかし、ここでB国、C国が、工業化し経済発展して、工業製品を生産するようになったとする。この場合、B国、C国は、かつての産業革命当時をもう一度繰り返すような、動力、機械の発明を一から行う必要はない。A国の技術と生産設備を、そっくり導入することができるからだ。なぜなら、B国、C国の賃金水準は、A国よりもはるかに低いので、A国の企業は競ってB国、C国に進出し、工場を建て、生産を開始するからだ。賃金が低い分だけ、A国は自国で生産するよりも安い価格で、B国、C国が生産したモノを逆輸入することができる。

B国、C国は、A国から導入した技術、設備、ノウハウを易々と手に入れたうえに、次第に独自に生産設備を製造するようになり、なお一層多種多様なモノを生産し始める。

ついには、B国、C国もA国と肩を並べるほどの工業国になるのである。

重要なことは、この国々は、最先端の生産設備を導入しているので、ある製品を造るうえで、大工場が二つ三つもあれば、たちまち自国内で消費する数量をはるかに超えて、他国に輸出するほどの大量生産が可能になるということだ。

このことは、何を意味するかというと、最終的にはA、B、C三国は、生産すべき数々のモノを、分業化して1／3ずつ生産するだけでよくなるということである。

かつては、A国は、自国内ですべてのモノを生産しなければならなかったが、今や、その1／3を生産すれば済むようになったのである。これは、飛躍的な生産能力の向上が起きたということになるのではないか。

各国は、自国内においても常に生産能力が向上しているが、これに加えて、他国の生産能力の向上が、なお自国の生産能力の向上にプラスされるのであるから、二重に生産能力向上が起きたことになるのである。

マクロ的観点から考えれば、他国の経済発展はすなわち自国の経済発展と同等と考えてよいのである。産業の空洞化は、世界を連結して考えれば、空洞化した国のマイナスにはならない。むしろプラスになっているのであるが、問題は、このことに気付くことができるかどうかである（この点については、本書177ページの「豊かさは国外へ流出する、しかし流出させない方法がある」で詳しく説明する）。

再び、ミクロとマクロの違い

日本は、自分の国が豊かになったことに気付くことができなかったのである。あるいは豊かになったように、ふるまうことをしなかったのである（政府が必要なマクロ経済政策を行わなかった）。

人々は、ミクロ経済とマクロ経済を混同している。ミクロ経済主体（企業や個人）は、他の企業と競争して、負ければ生き残ることはできないという厳しい競争社会の中にある。我々は、企業に所属するか、個人で事業を営むかして、常に競争を生きぬいているのであるが、この競争原理は、ミクロ経済において働く原理である。

ところが、これらのミクロ経済主体が集合して成り立つ一国経済のようなマクロ経済では、ミクロ経済とは別の原理が支配している。というよりは、マクロ経済には、競争原理は働いていない。

ある国と他の国が、経済の上で競争関係にあるということはない。先にも説明したように、ある国の経済発展は、他の国の経済発展でもある。ある国が経済発展したために、別の国の経済が衰退するということはない。

ただし、この時、それぞれの国は、適切なマクロ経済政策を行わなければ、自国の豊かさを守ることはできない。その政策とは、一国全体の生産能力と貨幣量（総所得）を一致調和させること、言い換えれば、失われた所得を支給することである。

新興工業国から、安価な製品が流入することによって、自国内の製造業が衰退し消滅するのを見て、これは自国の産業が新興国に敗けつつある姿であると認識するのか、それとも、自国の代わりに新興国が生産してモノを提供してくれるのであるから、これも自国の生産能力の範囲内であると認識できるのかの違いである。

あるいは製品価格で、新興国に敗けないために、自国の労働者の賃金を低下させるような雇用政策を実施して、総所得（貨幣量）を減少させる努力をするのか。それとも、自国、他国を含めた生産能力の向上に合わせて、所得が上昇するような政策を行うのかの違いである。

そもそも、自国の労働者の賃金を新興工業国のレベルに合わせてはいけない。新興国との国際競争に勝って、輸出を維持するためには、国民の所得水準を新興国の水準に向けて、不断に切り下げていくしかないからである。

これは自国の豊かさを自ら放棄することだ。

自国の企業が、海外に出て行って、他国の生産能力向上と経済発展のために寄与することは、結局自国のためになるのである。海外進出する企業は、あくまで自己の利益のみを追求する行動をとっているのであるが（ミクロ経済の原理）、不思議なことに、これで地球規模の経済発展に貢献することになるのである（マクロ経済の原理）。

ミクロ経済とマクロ経済を同一視してはならない。

個々のミクロ経済主体は、自己の利益を追求する行動原理をもつ。この原理に従って、同業他社との熾烈な争いに勝つために、より低価格で、より品質の良いモノを生産するように工夫し、切磋琢磨する。こうした競争原理があるからこそ、安くて良いモノが生み出され、人々の生活は豊かになる。

その反面、競争に勝つために企業は常にコスト削減の努力をしなければならないが、その大部分は、賃金の削減によって成し遂げようとする。ミクロ経済主体である企業にとって、賃金は低下すればするほど望ましいことであるに違いない。

しかし、一国全体のレベルで賃金が低下してしまった場合、一国全体の需要はそれだけ確実に低下する。需要が低下すれば、それに合わせて生産も削減しなければならない。結局、一国全体の経済は縮小していくしかない。

ミクロ経済主体（企業）にとっては望ましいことが、一国全体の経済（マクロ経済）にとっては、全く望ましくない結果となって現われる。

なおかつ、国全体の需要が減って経済が縮小すれば、それはとりもなおさず、生産者である企業にとっても、苦しい経営状況に追い込まれることになるのであり、企業は苦しまぎれになお一層賃金を削減しようとするだろう。

さて、ミクロ経済において望ましいことが、なぜマクロ経済としては望ましくない結果になるのだろうか。

それは、ミクロ経済主体の生産者（企業）は、経済全体（マクロ経済）の一部分でしかないからだ。一部分にとって有益なことが、そのまま全体にとっても有益になるというものではない。むしろその逆になることの方が多い。なぜなら経済には、生産と需要という二つの面があるからだ。この両方にとって有益でなければ、経済全体が良くなることはない。

これは、考え方としては、部分観と全体観の違いと言ってもよいだろう。部分観においては正しくても、全体観に立てば正しくないということは、社会にはいくらでもあることなのである。あくまで我々は、全体観に立って、経済全体を良い方向に導くために、工夫しなければならないのである。

なお、構造改革主義者は、規制緩和などによって生産性を向上させれば、賃金が上昇し、ひいてはGDPが上昇すると主張するが、それは間違いだ。生産性が向上すれば、なお一層人間の働く場は失われ「労働力の余剰」は強まる一方になる。したがって、生産性だけを向上させることは、むしろ日本経済の衰退を早めることにしかならない。

彼らは、経済を生産の側からしか見ないという、まさに部分観に立って理論を展開しているのであり、典型的な過ちを犯しているのである。

国際競争力

ミクロ経済の世界では、ある企業が他をしのぐほど強力になることによって、同業の別の企業が衰退し、消滅するということはいくらでもある。このようなミクロの経済現象を眺めているうちに、人々は国どうしでも経済上の競争によって、勝ったり敗けたりすることが起きるという考えをもつに至ったようだ。

しかし、ミクロ経済という経済の一部において成り立つ原理が、マクロ経済という一国全体及び国際間の経済においても成り立つということはない。

「国際競争力」という言葉をよく耳にする。民間企業にあっては、大いに努力して国際競争力をつけ、世界を相手に競争しなければならないだろう。

しかし、一国全体レベルの経済にあっては、「国際競争力」なるものは存在しない。というよりは、国レベルで「国際競争力」を獲得する努力をしてはならない。なぜなら、国レベルの国際競争力は必ず政策的に自国労働者の賃金の低下を目指すことになるからだ。

新興工業国の低賃金による低価格製品と競合し、うち勝つためには、どうしてもこの手段を用いようとする力が働く。企業経営者の集団と官僚と政治家とが手をつないで法律を制定するのである。

まさに、1985年の「労働者派遣法」の制定がこれであった。この法律は、最初は一部の職種にのみ適用されるものであったが、何度も法改正が行われ、途々に適用範囲が広げられて、2004年にはついにすべての職種に適用されることになった。

現在、非正規労働者は約1900万人、全労働者数の1/3以上になる。

1992年以降の「製造業就業者数」の減少、すなわち労働力の過剰、言い換えれば、労働者の価値の低下と、この「派遣法」制定とが合体して起きたことは、非正規労働者の増加と低賃金化であった（日本には、EU諸国のような「同一労働同一賃金」という規定がない）。

その上なお、この非正規労働者の低賃金化は、中小零細企業の正規労働者の賃金をも引き下げる役割を果たした。1997年以降、労働者の賃金の合計である雇用者報酬は、低下し続けている（図表㉘、111ページ）。

我が国の指導的立場にある人々は、大変な勘違いをしているようだ。それは、ミクロ経済とマクロ経済を混同してしまう勘違いである。ミクロ経済においては、競争力を付ける努力をすることは正しいが、マクロ経済においては、競争力を付ける努力をしてはならない。

我が国の失われた所得は1千兆円以上

以上のことから、161ページの疑問に答えると、日本国内の「製造業就業者数」が、1500万人から1000万人に減少したことは、産業の空洞化やアジアからの製品の流入による「製造業就業者数」の減少分が含まれていても、我が国の実質的生産能力の向上であると判定してよいのである。

よって、次の推論が成り立つ。

日本の名目GDPのピークは、1997年の521兆円であったが、これを1・5倍にすると781兆円ほどになる（1000万／1500万＝2／3。2／3の逆数3／2＝1・5。159ページ参照）。

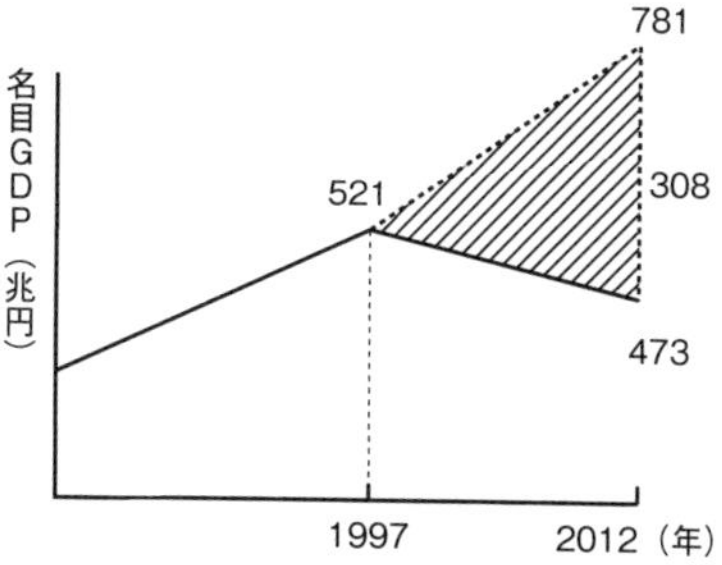

図表㊴

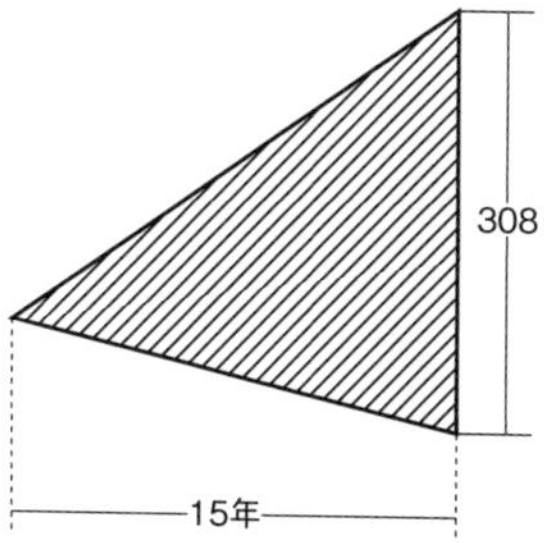

図表㊵

これこそが２０１２年の本当の名目ＧＤＰであるはずだ。

ところが、現実の名目ＧＤＰは４７３兆円でしかない。

その理由は、政府が失われた所得支給というマクロ経済政策を行わなかったためであり、したがって、名目ＧＤＰで３０８兆円もの開きができてしまったのである（図表㊴）。この推定される名目ＧＤＰ７８１兆円を目安に所得の支給を行い、本来の日本経済の実力を取り戻すべきだ。

失われた名目ＧＤＰ総額は、図表㊵の三角形の面積に相当するので、これを計算すると、

３０８兆円×15年×½＝２３１０（兆円）

２３００兆円以上という膨大な額になる。この中には乗数効果分２倍が含まれているとしても、失われた所得は、優に１千兆円を超えることになるのである。

本書143～144ページで提案した支給額は、多い方で、成人１

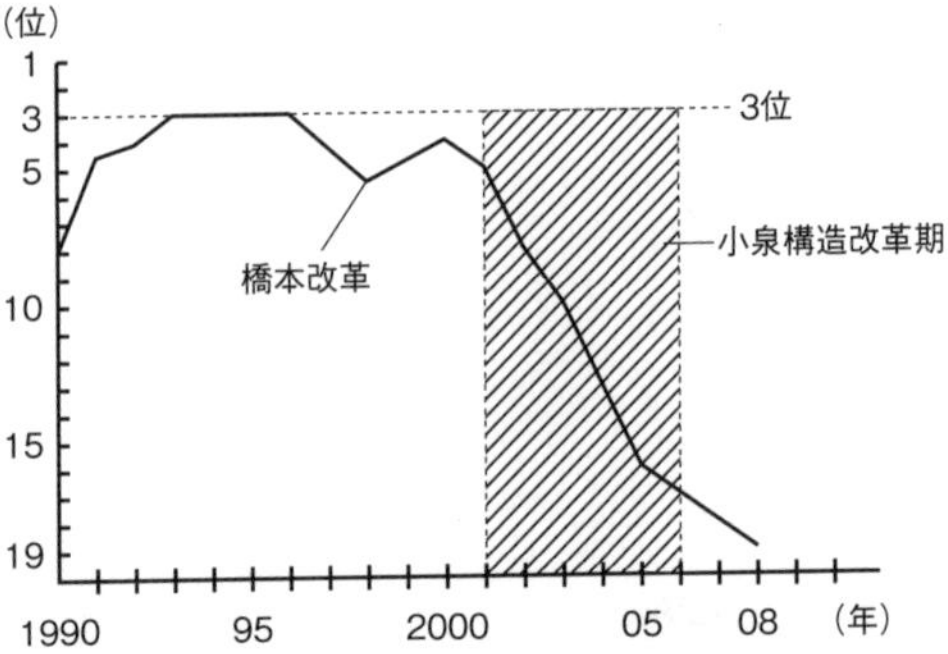

図表㊶：日本の1人当たり名目GDPの順位（OECD諸国中）
——内閣府「国民経済計算」

人に30万円を年2回3年程度であるので、30万円×1億人×2回×3年＝180（兆円）ほどに過ぎない。ということは、失われた所得1千兆円以上と比べると、はるかに少ないので、まずこのぐらいから支給を始めてみても、何の問題もないだろう。

図表㊶のように、日本の1人当たり名目GDP順位は、1990年のバブル崩壊を除くと、OECD（経済協力開発機構）諸国中で、2000年までだいたい上位であったが、その後、急落し2008年に19位になっている。この急落時期は、ちょうど小泉構造改革期と重なる。

構造改革とは、規制緩和であり、企業が労働者を雇用するうえで、企業側に有利な規制緩和が行われたということである。

また、図表㊷は、G7各国の10年間（1997～2007年）の1人当たりGDPの成長率であるが、100％前後の成長（すなわち2倍の成長）をした国もある中で、日本はなんと

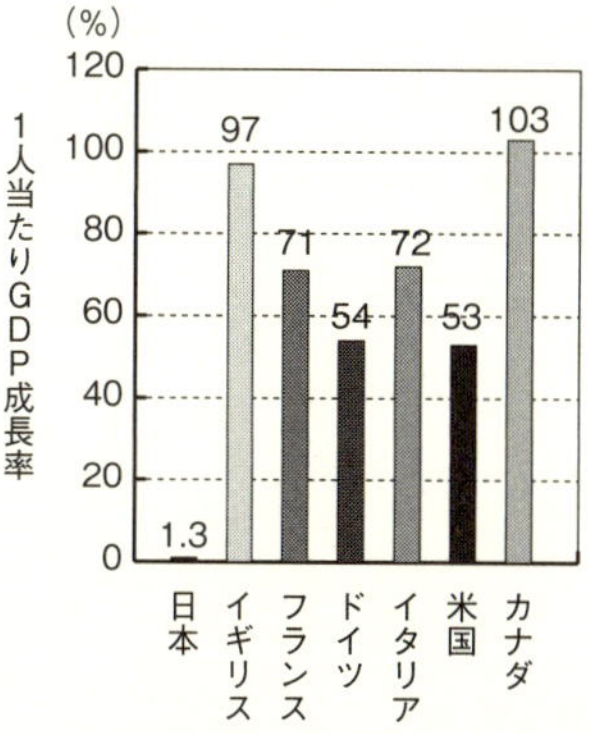

図表㊷：〈G7各国の10年間(1997〜2007年)の1人当たりGDP成長〉IMF

1・3％の成長でしかない。

先進国中で日本だけは、まじめに構造改革を行い、停滞、衰退への道をまじめに歩んでいるようだ。

豊かさは国外へ流出する、しかし流出させない方法がある

産業が発展し、生産能力が増大し、経済的に豊かになった国は、「豊かさの流出」現象にみまわれることになる。すなわち、輸出を盛んに行い貿易収支や経常収支が大幅に黒字化して累積すれば、当然この国の通貨は高くなる。

その上、経済発展の過程においては、労働者の賃金は上昇する。発展途上国の賃金と比較すれば、その差は歴然たるものになる。

企業（特に輸出企業）は、自国の通貨高と労働者の高賃金という苦しい経営状況から逃れるために、工場を海外に移すことになる。これは企業というミクロ経済主体の行動としては理にかなったことであり、何ら責められるものではない。

しかし、一方において、この国全体にとっては、産業の空洞化という、望ましくない、厳しい状況に追い込まれる。

「産業の空洞化」とは、「豊かさの国外流出」と言い換えてもよいだろう。

経済が発展し、豊かになった国は、いずれもこの道をたどることになる。「自国通貨高・高賃金」→「企業の海外進出」→「産業の空洞化」→「豊かさの流出」。

欧米諸国は、早い段階にこれを経験し、やや遅れて、日本が同じ道を歩むことになったのであり、現在、新興工業国である国々もいずれは、この道をたどることになるだろう。

豊かになった国は、必ず「産業の空洞化」を体現することによって、その豊かさが国外に流出するという現象にみまわれるのである。あたかも水が高い所から低い所へ向かって流れるように、豊かさも高い所から低い所へ流出するのである。これは避けられないことなのであろうか。


ミクロ経済主体にすべてを委ねてしまえば、豊かさはただ流出するしかない。しかし、我々は国家によるマクロ経済政策という手法をもっていることを思い出さなければならない。

先に述べたように、他国が生産したものを輸入することは、自国でそのものを生産しているのと同じことになるという原理を適用するのである。

ただしこの場合、経常収支がだいたい均衡していることが前提になる。他国からも輸入するが、それと同じぐらい自国からも輸出するのであれば、それはモノを交換しているのと同じことなので、輸入したモノであっても自国で生産したのと同じことになるからだ。

これは、A、B、C3国がいずれも経済発展すれば、一国が生産しなければならないモノの数量は1／3になるという原理があるからだ。生産という経済活動を一国レベルから地球レベルに広げて考えるとわかりやすい。

つまり、現在、地球上に多数存在する途上国が、経済発展すればするほど、地球規模の生産能力は高まるので、必ず世界中の国々は、より一層豊かになるのである。

これが本当のグローバル経済というものである。


このようにして、途上国が経済発展するうえでの手伝いをするのは、先進国の企業の海外進出、工場移転である。これこそが、途上国が発展するための最良、最短の方法だ。

よって、先進国にとって、企業が海外進出し国内産業が空洞化するのは、自国にとって不利なことではなく、むしろ有利なことなのである。

ただし、ここで政府は、確かなマクロ経済政策を実施し、地球規模の豊かさを自国に取り込まなければならない。ミクロ経済主体は、市場の競争原理が働く中で、自己の生産物の価格を下げ、労働者の賃金を下げ、総じて豊かさを消失させる行動をとるのであり、この行動原理からどうしても逃れることができないからである。

そこで唯一のマクロ経済主体である政府が、この豊かさの消失分を補うのである。国内産業の空洞化分を補い（なぜなら、国内の空洞化分は、地球規模での生産能力の向上に寄与しているからだ）、国内の労働者の賃金低下による所得の喪失を補うのである。

失われた豊かさの総額を、政府は計算し、政府紙幣を用いて国民に支給するのである。市場原理にすべてを委ね、豊かさが失われていく様子を、手をこまねいて眺めていてはいけない。

豊かさは流出するのであるが、流出させないために、政府のマクロ経済政策があるのである。

第三章

「人間は生産より貨幣を重視する」

さて、人間は表面に現れた現象がすべてであると考え、その奥にある物事の実体にまで眼を向けようとしない習性がある。

現在の日本の経済社会は、生産能力を忠実に貨幣量に反映できなくなっているのに、人々はそのことに気付かないで、貨幣量こそ、日本経済の実体であるかのような錯覚を抱いている。経済の実体とは生産であるのに、この生産を正確に推し量ろうとはしないで、貨幣量ばかり計算している。

まず、国（政府）には1千兆円もの借金があると勘違いしている。日本の全生産能力（世界の生産能力も含む）は、決してこのような借金など生み出してはいない。

さらに、少子化・高齢化が進むので、年金制度がもたなくなると言う。

2010年時点では、現役世代2・8人で引退世代1人を支えているが、2045年には、現役世代1・4人で引退世代1人を支える状況になると予測される。そこで、この予測に合わせて、年金支給額を減らし、その上、支給開始年齢を遅くして、なおかつ年金徴収額を増やさなければならないなどと言う。

これでは〈年金を納める人数×納める額〉と〈年金を受け取る人数×受け取る額〉をただ単に比べて調整しようとしているだけで、一国全体の生産能力を全く考慮に入れていないではないか。

20年前と現在との日本全体の生産能力を比較すると、間違いなく現在の生産能力の方がはるかに高い。しかし、この生産能力向上分を、政府は年金支給額に全く反映させていない。現在ある徴収した額を単純に割り振って、支給しているだけである。

その上これから先、2045年に向かって、どれほどの生産能力の向上が起きるか、わからないほどであるのに、この点に関しても、これからの支給額、徴収額などの年金計画に、この生産能力向上分を織り込む考えは全くないようだ。

しかし、現役世代の人数が仮に半数になったとしても、全体の生産能力が2倍になっていれば、生産量は確かに2倍になっているのである（現役世代の人数にかかわりなく）。そうであるなら、支給額を減らしたり徴収額を増やしたりする必要は全くないのであり、むしろその逆でなければならないはずだ。

よって政府は、マクロ経済政策を用いて政府紙幣を刷り、実際の生産能力から、乖離し、不足している年金額を穴埋めするのである。

具体的には、支給額を増やし、徴収額を減らして、支給開始年齢を下げ、ほぼすべての年金受給者が十分ゆとりのある生活が送れる年金設計に変更し、なおかつ、これを永続させることを政府が国民に約束することである。そうすれば、年金生活者のみならず、現役世代も老後の生活に対する不安を拭い去り、貯蓄から消費へと行動を転換するので、大きな需要拡大要因となる。

次に、財政に関してはどうであろうか。

増税をすれば、国の税収は増えるはずだ。

１９９７年、橋本内閣は消費税の税率を３％から５％に引き上げたが、これによって、５兆円程度の税収増が見込まれるはずであった。ところが、現実には、この税率アップによる大不況によって、翌年の1998年度だけでも、9・1兆円の税収減という、増えるはずのものが逆に減るという事態になってしまった。

これはいったいどういうことであるのか。税率を上げれば、税収は増えるはずだ。しかし、日本経済は病んでいるので、計算どおりにはならない。どんな病いかというと、生産能力にふさわしい貨幣量(総所得)が、社会に行き渡らない病いだ。もともと貨幣が少ないところに、増税によって、貨幣をなお一層吸い上げるので、そのショックに耐えられなくて、不況になるのである。

2014年、安倍内閣は、消費税率を5%から8%に引き上げたが、日本経済の病いを治さないまま引き上げてしまったので、税収減という結果が表れるだろう。

「設備投資は今後上向くことはない」

支出面から見たGDPを構成する要素は次のようになる。

GDP=民間消費+民間投資+政府支出+(輸出−輸入)

このうち民間の経済活動によってなされる支出は、主に民間消費と民間投資である。(輸出−輸入)については、外国の経済状況、すなわち外国の好況、不況の影響が強いので、ここでは除外して考える。政府支出は、もちろん政府（国）が行う支出であって、民間の支出ではないので、これも除外して考える。

純粋に国内の民間の経済活動のみにしぼって、GDPを表わすと、「GDP＝民間消費＋民間投資」という式になる。

このうち、民間消費は、日本の労働者の賃金の合計額である雇用者報酬（分配面のGDPの約半分）の影響を強く受ける。

民間投資は、住宅投資と企業設備投資の二つに分けられる。住宅投資は、企業設備投資の約1／5であるので民間投資の大部分は、設備投資によって占められている。

そこで、民間経済を表わすGDPは、主に民間消費と民間企業設備投資によって構成されると考えてよいだろう。

図表㊸を見るとわかるように、民間消費については、上向く様子は全くない。ほぼ横ばいのままである。これは雇用者報酬が減少しているのであるから、消費の伸びが起きるはずはないのであり、一部の人々は、貯蓄を取りくずしながら、必要最小限の消費をかろうじて行っている状況と思われる。

消費が伸びないのであれば、せめて設備投資が上向けば、民間経済は活力を得るのであるが、これも1991年以降低下したまま、その後、上向く気配がない（図表㊹）。

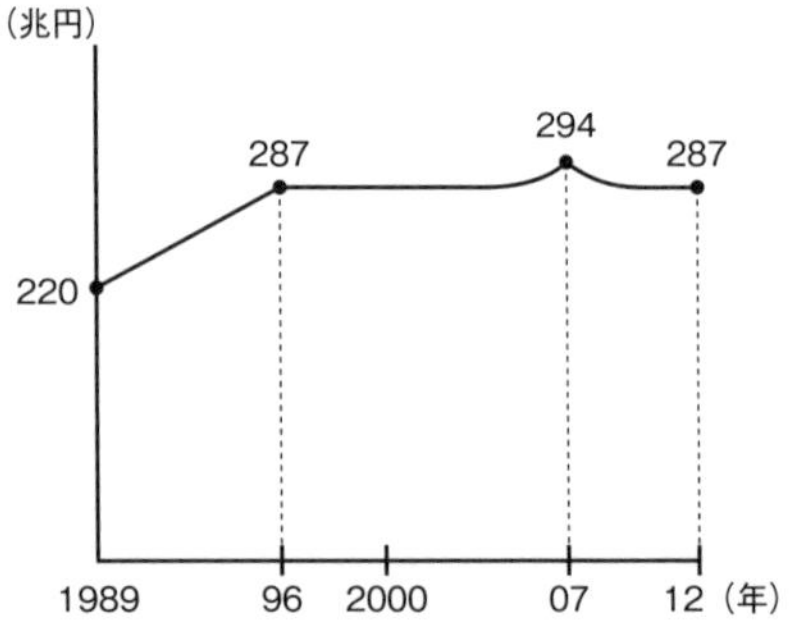

図表㊸：民間消費（内閣府「国民経済計算」より）

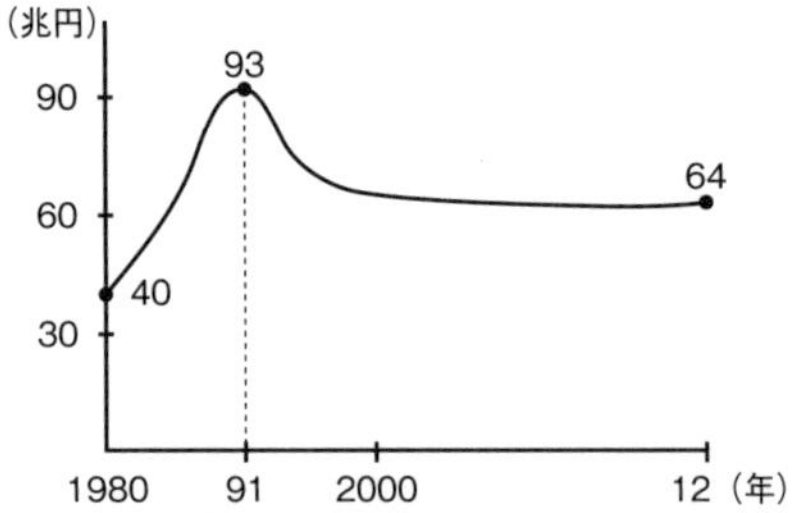

図表㊹：民間企業設備投資（内閣府「国民経済計算」より）

実は、設備投資は、日本国内ではこれから先、永久に上向くことはないということを詳しく説明しなければならない。

設備投資とは、一般的には、工場の建物を建造し、その中に生産設備（機械、道具類）を導入し、その上、労働環境を良くするために、空調設備を取り付けるなど、生産を行ううえで必要なモノを資金を投入して設置することである。

この設備投資の中で、最も重要なのは、生産設備（機械）の導入である。言い換えると、注文を受けた生産設備製造部門（製造業の中の一部門）が、機械、道具類を製造することである。

ここで、製造業全体の仕組みについて説明しよう。

通常、製造業と言えば、製品を製造する工場を思いうかべるだろう。しかし、製品を製造するためには、製品を製造するうえで必要な生産設備がなければならない。あたり前のことだが、現代ではどこの工場も手作業で製品を製造しているのではない。あるいは、製品を製造する工場が自分のところで、まず機械を造ってから、製品製造を始めるわけでもない。

これらはすべて分業化されていて、生産設備（機械）を専門に製造する部門がある。この部門が設備投資にかかわる注文を受け機械を製造するのである。

しかし、この部門にあっても、手作業で機械を製造するわけではない。機械を使って機械を製造するのである。この機械を造る機械を工作機械（マザーマシン）と言う。

工作機械には、基本的なものだけで、旋盤、フライス盤、ボール盤、研削盤などがあり、これらの機械にコンピューターが組み込まれたNC旋盤、マシニングセンター、複合加工機、あるいは、放電加工機、レーザー加工機、ロボット、3Dプリンターなどがある。そしてこれらの工作機械を専門に製造する部門がある。

次に機械、及び製品を造るうえで必要な材料（鉄、ステンレス、アルミニウム、その他の合金、プラスチック、樹脂、油類）を製造する素材製造部門がある。

以上のように、非常に大雑把ではあるが、製造業は、素材製造、機械製造、製品製造の三つの段階に分けることができる（図表㊺）。製造業は生産能力を日々高めているのである

図表㊺

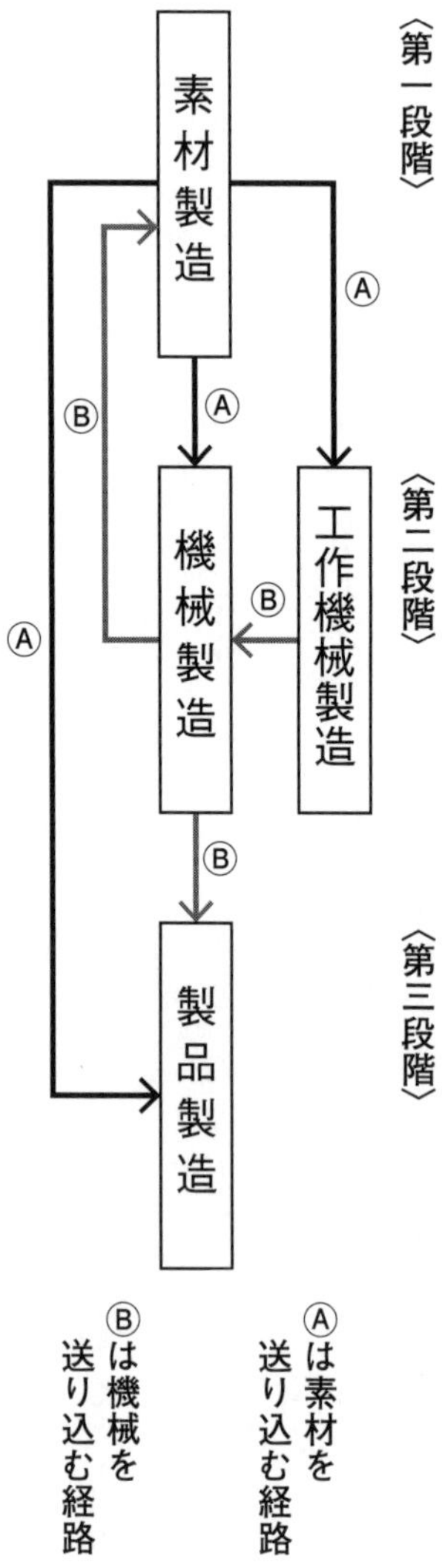

が、それはこの三つの段階において、それぞれが長足の進歩を遂げてきたからである。

その上、これらの部門は、有機的に連関し、相乗的に発展するのである。

たとえば、素材製造部門は、絶えず新しい素材の開発を行っているが、摩耗のしにくい、強度の高い合金を開発して、機械製造部門に送り込むことによって、機械は長期間の稼働に耐えられ、故障も少なくなり、性能も増すのである。このことにより、機械を導入する側は、設備投資費用を抑えることができる。

あるいは、工作機械の性能が高くなれば生産設備（機械、道具）を、より短期間でより少ない人員で製造することが可能になり、機械の低価格化によって設備投資費用はいっそう削減されるのである。

要するに、ここで述べたいのは、現在は10年前、20年前の生産設備より、何倍も能力の高い設備を、かつてと比べてはるかに低価格で製造することが可能になったということだ。貨幣一単位によって造ることのできる生産設備は、今年は10年前と比べて1・3倍であるかもしれないし、1・5倍であるかもしれない。10年間に、工作機械のもつ生産能力が全く変化しないということは絶対にない。

これらのことから、一国全体の設備投資金額は、増加しにくい傾向になるだろう。その上なお、資本は時代とともに蓄積していくのである（資本とは資金のことではない、生産設備のこと）。これから先、資本（生産設備）が十分蓄積されれば、もはや新たな資本の製造は必要なくなる。古くなった機械の取り換え程度しか、設備投資は行われなくなるのである。

以上のことから、一国全体の設備投資は、長期的展望では、増えることは期待できない。むしろ減少するものと思われる。

設備投資はそれが増加することによって、仕事量が増え、これに従事する労働者の所得が増えることによって、ＧＤＰは増加するのであるが、このことがもはや期待できなくなってしまったのである。

民間経済のＧＤＰ＝民間消費＋民間投資

であるが、民間の経済活動だけによるＧＤＰの増加、すなわち経済の活生化がいかに困難であるかということである。

新製品が生まれない

設備投資が低下する理由はまだある。

製造業は、新たな製品を生み出すという点に関して、もはや限界に近い状態にある。造るべき製品はほとんどすべて造り終えてしまって、新たに造る製品がなくなってしまったからだ。

戦後、特に家庭電機製品の分野において、実にたくさんの製品が、矢継ぎ早に生み出され、世の中に普及していった。テレビ、炊飯器、洗濯機、冷蔵庫、掃除機、扇風機、テープレコーダー、ステレオ、エアコン、電子レンジなど、これらの便利で魅力的な商品を、家電メーカーは次々と開発し、世の中に送り出したのである。

この時代は、こんなものがあれば便利で楽しいというものを思い付くままに、その時代の技術水準によって、ただ造ればよかったのだ。しかし、このような方式で、製品を開発しては造るということが永久に続くものではない。

これは、新たなモノを造り出すうえで、人間のアイデアが枯渇してしまったというよりは、便利で魅力的な商品をほとんどすべて造り終えてしまい、これ以上欲しいモノを、思い付くことができなくなってしまったと言うべきではないだろうか。

1950〜1970年代、製造業が生み出す新製品は、実に目白押しであった。しかし、1990年代以降になって、世に出る新製品が、次第に散発的になり始めた。ファクシミリ、ビデオデッキ、携帯電話などと、一つの製品が出て次が出てくるまでが、間遠《まどお》になり始めた。

2000年代になると、「新三種の神器」と言われた、デジカメ、薄型テレビ、DVDが発売されたが、よく考えてみると、これらはいずれもかつてあった製品の焼き直しで、全くの新開発製品というものではない。

「新三種の神器」の次に生み出された新製品には何があるだろうか。掃除ロボットとスマートフォンぐらいのものであろうか。最近の20年間に誕生した新製品の種類数と、1960〜70年代の20年間に誕生した新製品の種類数には、相当な開きがある。

経済学者やエコノミストは、製造業が魅力的な新製品を次々と生み出せば、消費が喚起されて、経済が活性化すると言うのであるが、それは無理というものだ。もはや、新製品の生み出しようがないのである。それほど言うのなら、経済学者、エコノミストは、自分で新製品のアイデアを考え出してみてはどうだろう。

新たに開発され、生み出される製品が少なくなったということは、それだけ企業は、新規設備投資をする必要がなくなったということでもある。一般消費者にあっても、古くなった製品を買い換える程度の需要は起きるが、新製品が出て、みんながいっせいにそれを購入するような大きな需要は、容易に起きるものではない。

設備投資が減少する理由はまだある。

スマートフォンなどのデジタル製品の登場である。スマートフォンは一つの製品に他のいくつもの種類の製品機能を合わせ持っている。携帯電話、カメラ、ビデオ、パソコン、時計、ゲーム機、音楽を聴く機能など、これらの機能が一つの製品の中に収まっているのだから、他の製品は、もはや買いそろえる必要がない。

そうなれば、他の製品の生産は縮小されることになり、これらの生産設備も不必要になる。ますます設備投資は減少することになるのである。

長々と設備投資が減少する理由を説明してきた。

設備投資は、製造業において重要な一部門であり、この部門が縮小することは、製造業全体にとって、果てしなく仕事量が減少していくということであり、また、就業者数が減少していくことであり、総所得が減少し、そして、一国経済全体が縮小していくということでもある。なおかつ、現在の日本のGDPが果てしなく低下していくことの説明でもある。

そうであるなら、今後、政府が行うべきマクロ経済政策は、いや増して重要になるということである。

「コブ=ダグラス型生産関数」

経済全体の生産量の増大をもたらす要因は、次の三つに分解することができるとされる。

〈資本ストックの増加〉

〈労働人口の増加〉

〈技術進歩〉

コブ=ダグラス型生産関数では

実質ＧＤＰの成長率＝資本ストックの増加率×資本分配率
　＋労働人口の増加率×労働分配率
　＋全要素生産性（主に技術進歩）の増加率

となる。

しかしＧＤＰ（名目）は、金額ベースの生産量のことであり、数量ベースの生産量ではない。金額ベースの生産量は、本来の生産能力を正確に表すものではない。

なぜなら、市場原理の限界点以後は、労働力の余剰、過剰による賃金の低下（雇用者報酬の低下）によって、名目ＧＤＰは生産能力の向上に逆比例するように低下し続けているからだ。

ただし、コブ＝ダグラス型生産関数で用いる実質ＧＤＰは、名目ＧＤＰから物価の変動分を除いたＧＤＰである。日本は、物価が下落するデフレ状態にあるので、名目ＧＤＰ成長率はマイナスであっても、実質ＧＤＰ成長率は、かろうじてプラスになっている。

いずれにしても、市場原理の限界点以後は、ＧＤＰをそのまま信用することはできない。その信用できないＧＤＰをデータとして用いるコブ＝ダグラス型生産関数は、「限界点」以後、「技術進歩率」を正しく導き出す機能を失ってしまっているので、この生産関数を使用することはやめなければならない（↓251ページ注㉓）。

ここで、日本の1990年代、2000年代の平均的数値をとり上げ、コブ＝ダグラス型生産関数を用いて計算してみよう。

実質GDP成長率が1％で、資本の増加率が2％、労働増加率がゼロとする（資本分配率は0・4、労働分配率は0・6とする）。

2×0・4＋0×0・6＋技術進歩率＝1

技術進歩率＝1－（2×0・4＋0×0・6）＝0・2

となる。

技術進歩率が0・2％ということは、一年間の技術進歩は、ほぼゼロということである。しかし、このようなことは絶対にあり得ない。

技術進歩がゼロということは、国及び民間の研究機関が、一年間研究を全くしなかったということであり、または、研究開発費はゼロであったということであり、各生産現場においても、全員何の工夫も改良の努力もしなかったということであり、民間企業は熾烈な生存競争を放棄したということになるのである。

これは、あまりにも現実からかけ離れた計算結果であり、とうてい納得できない。

なぜなら、「市場原理の限界点」以前の時代、すなわち生産能力がある程度忠実に貨幣量（所得）に反映されていた時代、言い変えるとある程度（それでもある程度に過ぎない）ＧＤＰが信用できた時代（１９６５～70年）の統計を用いて、コブ＝ダグラス型生産関数によって、技術進歩率を計算すると、約５％になる（「経済成長――要因分析と多部門間波及」『日本経済のマクロ分析』黒田昌裕ほか編、東京大学出版会、１９８７年、81～82ページ）。

かつて、技術進歩率が５％の時代があったのなら、現在の技術進歩率は、確実に５％以上はあるのであり、あるいは10％であるかもしれない。５％以下であることは、あり得ない。

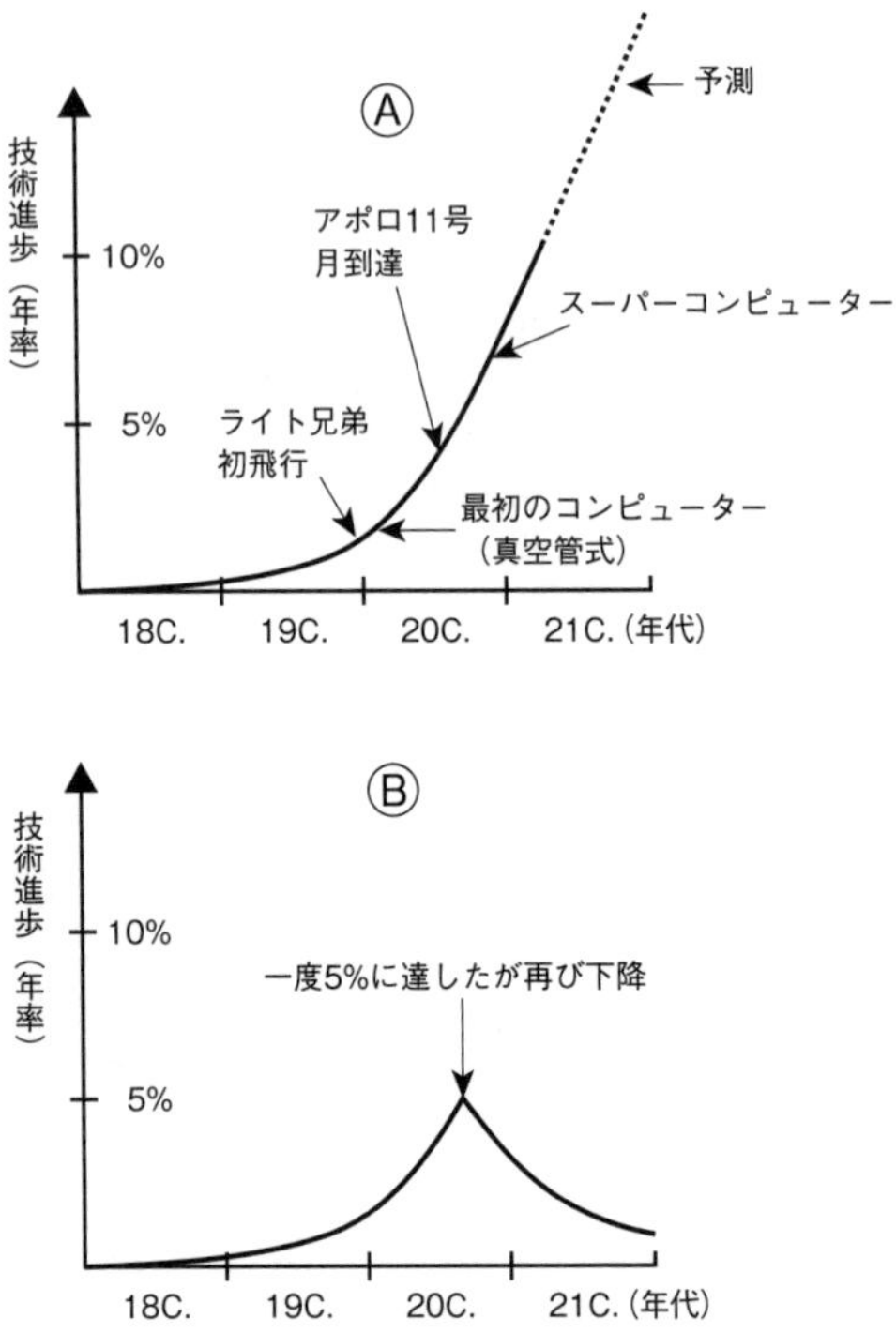

図表㊻

時代による技術進歩の様子をイメージ的に図に描くと、図表㊻—Ⓐのようになる。決して
Ⓑのような技術進歩の仕方ではない。

【技術進歩の形】

経済成長の三つの要因は、〈資本の蓄積〉〈労働人口の増加〉〈技術進歩〉であるとすると、技術進歩は、資本の中にとけ込む。労働の中にはとけ込まない。すなわち、技術進歩は資本（生産設備）に体化される。言い換えると、生産設備の能力が向上するという形で技術は進歩する。

そして、この時、生産設備の能力向上は、労働を節約する形をとる。同じ生産量なら、労働節約分が生産能力の向上分であり、技術進歩分である。

また、生産設備製造部門での労働節約は、生産設備（資本）の価格の低下をうながす。〈技術進歩〉は、〈資本の増加〉を減少させ、なおかつ〈労働の増加〉をも減少させながら、すさまじい経済成長を達成しているのである。しかし、実質GDP成長率が金額ベースという、全く当てにならない数値であるので、コブ＝ダグラス型生産関数によれば、〈技術進歩〉は、ほとんど無いに等しい評価になってしまうのである。

したがって、失われた所得を取り戻すマクロ経済政策を実施して、GDP成長率を本来あるべき成長率に戻せば、〈技術進歩率〉は、恐らく5%以上10%近くにあることが明瞭になるであろう。もちろん、GDP成長率も5~10%にあるはずだ。

本当の生産能力は、数量ベースに現われるのであって、金額ベースではない。

「最新の技術進歩は、人間の能力節約型」

技術進歩は、労働節約的であり、資本節約的であるが、それだけにはとどまらない、ここにもう一つの節約がある。それは、人間の能力節約である。

たとえば、スーパーマーケットに行ってみると、レジ係は、バーコードを読みとる機具を商品に当てるだけでレジに値段が入力される。客から受け取ったお金をレジの中に入れると、機械が計算しておつりを出す。

この間、レジ係の人間は、ほとんど技能も頭脳も使う必要がない。かつてのように、眼にも止まらぬ早業で数字のキーを打つ必要もなければ、おつりを間違えないように気を配ることもない。

大工は、工場であらかじめ製作した建築資材を、現場で組み立てればよい。はめ込む部分は、コンピューター式の機械が、正確に寸法を合わせて製作しているので、何の問題もない。カンナがけも、ノコギリ引きもしなくてよい。かつてのような大工としての熟練技能はほとんど必要ない。

金属加工工場（他の材質をあつかう工場も同様）では、やはりコンピューター制御の工作機械、NC旋盤、マシニングセンター、放電加工機、ロボットなどがあり、人間は、加工する部品のプログラムを呼び出し、工具をセットするだけで、圧倒的な速さで正確に加工が行われる。かつてのように、熟練工が出る幕はあまりない。

事務労働についてはどうだろうか。簿記、経理に関しては、会計ソフトがあるので、単に数字を打ち込めば、ソフトが計算して帳簿を作成してくれる。簿記何級という資格は、今や、どの程度必要なのだろうか。

法律事務所では、何人も弁護士を雇って、裁判所や、役所などに提出する法律文章を山のように作成していたが、法律文章作成ソフトができたので、ここに必要な事項だけ入力すれば、文章は完成するようになった（→251ページ注㉔）。法律事務所では、多数の弁護士を雇う必要はなくなりつつあるようだ。

また、近い将来には、外国語を通訳する機械などもできるのではないだろうか。

人間がもっていた熟練技能や、高度な知識は、機械（資本）の中に組み込まれていくのであり、人間はもはや技能も頭脳も鍛錬する必要がなくなってきたのである。機械（資本）が人間のかわりにこれらの能力をもつようになったのであるから。

技術進歩の内容は、時代とともに変化したのである。

日本において、１９５０~60年代の高度成長期には、資本増加、労働増加型技術進歩であった。各地に大工場が建設され、機械設備が大量に導入され、労働者が大量に雇用され、そして、モノが大量に生産されたのである。

ところが、次の１９７０~80年代には、資本節約的、労働節約的技術進歩へと変化した。ただ大きな機械を製造するというレベルの技術から、その機械の質を高度化する技術へと進歩したのである。

次の１９９０年代、２０００年代には、コンピューターの性能が非常に高くなり、人間の技能や頭脳を機械が肩代わりする技術進歩へと変化したのである。

技術は、同じ調子で、同じ質で進歩してきたのではない。

「内生的経済成長理論」では、労働者がもつ知識、技術、熟練度を人的資本と呼び、機械設備などの物的資本と同様に、経済成長を促進するうえでの重要な要因であるとして、国民の教育レベルを高めることを提唱する。しかし、このような時代はすでに終わったのであり、経済成長は次の段階に進みつつあるのだ。

かつては人間が保有していた技能や頭脳を、機械が肩代わりするようになり、人間はただ機械の補助をすればよいだけになったので、人間の労働の価値は下がるのだ。

昔、眼にもとまらない早業で、レジを打っていたレジ係には、技能手当が支払われていただろう。しかし、バーコードになってからのレジ係にはそのような手当は支払われないだろう。同じように、熟練度を必要としない現在の大工や、工場労働者には、技能手当は支払われない。

このようにして、人間の労働の価値（賃金）は低下したのである。

技術進歩は、労働を節約し、資本を節約し、人間の能力を節約することを成し遂げた。労働節約と人間の能力節約は、賃金低下に作用した。資本節約は、設備投資低下に作用した。技術進歩は、賃金低下（雇用者報酬低下）と設備投資低下に至ったのであり、最後にGDP低下にも至ったのである。

雇用者報酬＝GDPの約50％

民間投資＝GDPの約16％～20％

すなわち、我々は、GDP節約型の技術進歩を達成してしまったのである。

第三部

未来への課題

「生産を見よ、貨幣を見るな」

日本国は1千兆円もの借金を抱えていると、人々は思い込んでいるが、それは巨大な蜃気楼であることが明白になった。

その上なおかつ、最近の20数年の間におよそ1千兆円もの所得が得られたはずであるのに、みすみすこれを喪失してしまっていたこともわかった。

なぜこのようなことが起きてしまったのか。その理由は簡単明瞭で人々は貨幣ばかりを見て生産を見ないからである。金《かね》こそ真実であり、金は生産の実体を正確に表していると思い込んでいるからだ。

人間の意識の成り立ちを考えてみよう。

言うまでもなく、人間は経済社会の中に生まれ、育ち、そしてものごとを感じ、考えて成長する。欲しいものを手に入れるためには、ほとんどの場合、金が必要だ。モノは金と引き換えに自分のものになる。

人間は、この感覚をまだ脳の柔らかい幼児期から繰り返し体験しながら大人になるのである。

ほぼすべての人は知らず知らずのうちに、事実と異なる感覚を抱くようになる。すなわち、金自体にものを生み出す力があるという感覚である。

なぜなら、人間の脳は理知的な部分のみによって形成されているのではないからだ。多くの部分は、情動、情念、感情というもので占められている。そして、この部分は肌で感じる感覚的なものに、より深く支配される。金を支払うと同時に、あるものが自分のものになるという感覚が繰り返し深く情動に植え付けられていくのである。

このことによって人間は、金がものを生み出すという錯覚に陥る。生産とは金であり、金は生産と同等であるという勘違いだ。経済の実体は生産であり、貨幣ではないというあたり前のことがわからなくなるのである。

たとえば、山に登る時や、砂漠を探検する時には、人は食糧や水、野営道具などを持参する。山の上、砂漠の真ん中には、ホテルもなければ店も自動販売機もないことを知っているからだ。山の上、砂漠の真ん中に行くのに金さえ持って行けば大丈夫と考える者はいない。モノがなにもない所では金を持っていても何の役にもたたないからだ。

このような単純な状況設定であれば、金はものを生産することはできないということを、人は容易に理解する。

ところがこれがはるかに複雑な経済状況、一国全体の経済、あるいは国際間の経済という巨大なシステムになると、人間はいともたやすく勘違いをする。金は生産そのものである。もしくは金は生産を正確に評価するものだという錯覚をもつのである。

幼児期から植え込まれた情念、情動が頭をもたげ、理知が引っ込むのだ。金《かね》＝生産という構図が理知よりもっと深いところにある情念から湧き起こり、ＧＤＰ統計によって表される金額こそが正しい生産力であると信じるのである。

本当のＧＤＰは公表される数字よりはるかに大きいことがわからない。あるいは、国の借金いくらという数字が他の何物にも勝る真実であると思い込む。

ところが、このような数字に実体はない。実体は生産にある。生産と貨幣を並べた時、信用しなければならないのは生産である。一国の生産力がどれほどのものであるか、我々はどれほどのモノ、サービスを生産できるのかということの方がはるかに動かしがたい事実なのである。

砂漠の真ん中に行く時には必ず水や食量を携行するのに、国全体の経済という巨大で複雑な機構の前では、人々は水、食量を持たず金だけ持って平気で砂漠に出かけるのであるが、それはおかしいのではないだろうか。「生産を見よ、貨幣を見るな」と言いたい。

このように考えてくると、経済学はまず人間の心理を研究することから始めてみてはどうだろうか。

ただし、次のことを付け加えておかなければならない。自国の生産力が低くて、他国からモノを買い続けたあげく、外国に多額の借金ができてしまった国は、その借金（外貨で返済しなければならない借金）は、間違いなく借金であるのでこれは返済しなければならない。

なぜなら、この国は自国の生産力以上の消費をしてしまったからだ。この場合、どのようにして返済するのかというと、自国内に何らかの製造業を興してモノを造り、それを外国に売るのである。それによって得た外貨によって返済するのが一番確実である。

いかに製造業が一国にとって重要であるかということであり、また、経済の基本はモノ造りであるということだ。モノがあるから他の産業分野も生産が可能になるからである。観光サービス業あるいは金融サービス業を主体にして、一国経済を成り立たせることには、どうしても無理がある。ほぼすべての国は製造業を経済の基盤に据えるべきである。

「経済は人間がつくったものであるから、人間がコントロールしなければならない」

さて、経済は人間がつくり上げたものである。それに対して自然はもちろん人間がつくったものではない。人類が誕生するはるか以前から自然、宇宙は存在していた。人間はもともと備わる自然界の性質、法則を究明し、それを応用、利用して、無数の人工物を造り、その中で快適に暮らしているのだ。しかし、人間は自然法則のただ一つでも人間の都合の良いようにこれを変えることはできない。たとえば地球の重力が少し強すぎるので、これを弱くして人間の身体が楽になるようにしたいと思ってもそれはできない。

自然は人間がつくったものではないので、これを人間の意のままに変更することはできない。

ところが、経済は人間がつくったものである。人間は経済現象、経済法則のどの部分であっても人間の力によってこれを変えることができる。

経済のある部分が人間にとって不都合な働きをするのであれば、その部分を都合が良いように変えればいいのである。人間は経済に対して何ら遠慮をすることはない。なぜなら、経済をつくったのは人間であるからだ。このように考えるのがマクロ経済学である。

しかし、主流派経済学（ミクロ経済学）は、経済現象を自然現象と混同しているのであろうか、経済をコントロールするという考え方が非常に希薄である。

経済とは多数の人間、企業、公的機関あるいは国々が参加する機構、システムであり、無数の利益追求の思惑、願望が混じり合いながら巨大な集合体を形造っているのであるから、このような複雑な現象に対して人間が何らかの変更を企てることはできないと考えているようだ。

人間は自分がつくったものをコントロールすることを忘れてしまっている、もしくは、コントロールする能力を養うことを忘れている。

今や、人間は自分のつくった文明社会に翻弄されているのである。現代の文明社会は、あまりにも巨大で複雑で精緻な構造をした得体の知れないものになってしまったので、人間はこれに立ち向かおうとする意欲も知慧もなくしてしまったのである。

資本主義とは

我々は資本主義経済を営んでいるが、資本主義とはそもそも何であるのか、曖昧なままこの言葉が使われている。

本来、資本とは機械などの生産設備のことであって、資金という意味ではない。よって「資本主義」とは「生産設備主義」もしくは「生産設備発展主義」というほどの意味になる。「資本家」と「労働者」と言う場合、資本家とは工場などの生産設備を所有する者のことであって、資金を所有する者という意味ではない。しかし、生産設備を所有するためには資金が必要なので資本と資金は同義語のような使われ方をしている。

一方、労働者とは生産設備を所有していないので、自己の労働力を提供して賃金を得るしか生きるすべのない者のことである。

1781年、イギリスでジェームズ・ワットが、人類史上初めて機械による動力「蒸気機関」を発明した。それまでの動力は人力、風力、水力、畜力であった。

この機械による動力は、強い力を安定的に持続させることができるので、他の機械、たとえば紡績機などに連結することによってそれまでと比べ飛躍的に生産を高めることが可能になった。これが資本主義（生産設備主義）の始まりであった。

それまでの、道具を使う程度の家内工業と農業しかなかった社会に資本（機械というモノを大量に生産する設備）が誕生したのである。

そして、機械及び動力は時代とともに工夫、改良され進歩、発展して、ますます生産能力を高め、現在我々がよく知るところの豊かな社会が築かれたのである。

「資本主義」とは「生産設備を進歩発展させ豊かな社会を築こうとする主義」である。「資金（お金）主義」あるいは「お金が一国内のみならず世界をかけ巡る主義」ではないはずである。

かつて世界は、資本主義と社会主義の二大陣営に分かれて対立したが、社会主義陣営であっても生産設備を発展させて豊かになろうとしたのであるから、社会主義でありながら同時に資本主義でもあったと言える。その意味においては資本主義と社会主義は対立するものではない。

両者は何が違っていたのかというと、一方は市場経済であり、もう一方は計画経済であったという点である。生産設備を発展させるという点では同じでも、その方法に違いがあった。そして結果的には計画経済より市場経済の方が効率が良いことが明らかになったということである。

科学が進歩し技術も進歩し続ける以上、生産設備はとどまることなく発展し続ける。人類はなお一層豊かになることはあっても貧しくなることはない。それが資本主義（生産設備発展主義）というものである。

ところが、昨今、その資本主義に変調が見られる。豊かさが一部の人々に集中し他方において貧困層が広がりつつある。

人間の強欲さには限りがないが、その強欲を追求することを資本主義は拒絶しないどころかむしろ奨励する特性がある。人間の強欲が資本主義経済を発展させたと言ってもよいぐらいだ。そうであるならなおのこと、資本主義（生産設備が進歩発展して多くの豊かさを生み出す主義）は、しっかりと人間がコントロールしなければ、その多くの豊かさは一部に偏在して貧富の差が拡大するしかないだろう。

「カジノ資本主義」

今日、資本主義を「生産設備発展主義」と考える人はほとんどいない。

資本主義とは資金主義もしくは投資、投機主義あるいは、金融のグローバリズムによって巨大な利益を得る少数の者がいる一方、多数の貧困者が生まれる格差拡大システムであると考えられている。

貨幣を複雑化した無数の金融商品が必要以上（生産の実体と比べて）に生み出され、世界中に拡散するので経済社会は混乱する。人々はむしろ貨幣及び金融商品こそ経済の実体であると錯覚し、その錯覚によって「カジノ資本主義」が世界を席巻する。が、これは本来の資本主義ではない。

ミルトン・フリードマンらマネタリスト（主流派経済学者）は、「自由な金融市場は効率的で安定的である」あるいは「投機は金融市場を安定化させる」といい、政府による金融市場への介入、規制を極力排除するよう主張した。

アメリカ、イギリスの新自由主義政権はこの考えにそって、１９８０～90年代に金融の自由化、グローバル化を推進した。

そこで、カジノ資本主義が誕生したのであるが、以後世界は、金融危機、通貨危機、バブルとその崩壊の連続となり、それは実体経済（生産）にも多大の悪影響を与え、世界中が混乱した。しかし、貨幣が実体経済に悪影響を与えてはならない。それは本末転倒というものである。

これらは、ルールや規制がなくなれば、社会はどこまでも放逸無軌道になるしかないということの実験証明であった。

各国政府は国際間でルール、規制を取り決め、資本主義の場（生産と消費が行われる生活の場）と、カジノ（賭博場）をはっきり分離させなければならない。その上で一攫千金を夢みる人は資本主義の場ではなくカジノに行くべきだ。

一部の経済学者やエコノミストは、一連の世界的金融危機を見て、今や資本主義は危機的状態にあるとか、崩壊寸前であるとか、資本主義に代わる新たな経済システムを構築しなければならないなどと言うが、しかし、この人達は資本主義は本来「生産設備主義」であることを忘れている。

資本主義（生産設備発展主義）がサブプライムローンを原因とするリーマンショックなどの金融危機を起こしたのではない。新自由主義が規制を排除して資本主義とカジノを合体させたことによって金融危機が起きたのである。

これらは、人間が経済をコントロールするのではなく、人間が経済に振り回された姿であり、まさに人間が自分でつくったものに支配された姿である。

「主流派経済学（フリードマン以後のマネタリズム、新古典派経済学、新自由主義など）」

現在の主流派経済学は、自由な競争市場を理想とし、市場での価格調整メカニズムを尊重する。

したがって、政府による市場への介入、規制を極力排除した「小さな政府」こそ最良の政治体制であると主張するが、これはとんでもない間違いである。

たとえば、主流派経済学は失業は存在しないという考え方をする。もし失業者がいるとすれば、それは労働の供給が過多であるからであり、その場合は労働の価格（賃金）は労働市場においてすみやかに低下する。賃金が低下すれば労働を需要する側（企業）は、より多くの労働者を雇用するので、失業は解消すると考える。

もし失業がすみやかに解消しないのであれば、それは何らかの理由で賃金が高止まりしているせいであるとする。その理由は、政府による規制であるかもしれないし、労働組合の力が強すぎるのかもしれない。そこで、これらの規制や組合の力を排除すれば賃金は低下し、完全雇用状態が実現する。

要するに、自由な市場の価格調整メカニズムに委ねればうまくいくのに、政府その他の何らかの介入が存在することが問題なのであるとする。これが主流派経済学の中心的理論である。

しかし、このような恐るべき単純な理論にだまされてはいけない。現代に生きる我々は、一時的で短期的な失業を問題としているのではない。生産状況に少し変化があったので、賃金が一時的に相対的に高くなって失業が生じているという次元にあるのではない。

生産の増大があまりにも著しいので、本源的に人間の労働が不必要になり、その不必要の度合は年々大きくなって、この状況はこれからも永久に続くであろうということが問題なのである。

生産の増大は生産設備の能力の向上によって起こる。その向上の仕方は人間の労働を節約する形をとる。すなわち、労働力の 供給＞需要 の社会構造がどこまでも強まりながら続くのである。

このことを主流派経済学の「市場の価格調整メカニズム」に当てはめるとまさに賃金は果てしなく低下していくしかないのである。そして、人々の賃金の合計額が低下すれば、それだけ、購入できるモノ、サービスの量は減少するので、生産する側もそれに合わせて生産を削減するしかないし、当然雇用も削減するしかない。

結局GDPは果てしなく縮小していくのである。

以上のように、賃金が低下すれば雇用が増えるということには全くならない。

つまり、主流派経済学者たちの信奉する「市場の価格調整メカニズム」は、現在の日本の賃金低下とGDP縮小の原因を見事に説明しているが、説明はできても残念ながら解決策はなにも提示することができない。

なぜなら彼らは「市場の価格調整メカニズム」以外に経済理論上の道具をもたないからである。


1930年代の世界大恐慌期に、ジョン・メイナード・ケインズは経済学史上初めてマクロ経済学をうち立てた。

一国全体の総需要が不足するのであれば、これを人為的につくり出すために財政政策を行えばよいとした。政府が国債発行によって得た財源を用いて公共事業を行い、これに失業者を多数雇用して所得を得させ、あるいは減税によって可処分所得を増やし、消費を喚起するという政策であった。

これらの政策によって新たに生み出される所得は、波及効果（乗数効果）を伴って増加するので、総需要は、最初の財政出動分よりなお一層拡大する。これに加えて、金融を緩和して金利を引き下げ、民間の投資意欲を引き出す金融政策をも合わせて行うというものであった。

これこそまさに、人間が経済をコントロールするマクロ経済学であった。戦後、先進各国はケインズの経済政策を実施して、高い経済成長を達成し繁栄を築くことができたのである。その間、大きな金融危機が発生することもなく、所得格差、資産格差も現代と比べるとそれほど大きくはならなかった。

ところが1970年代に入ると、二度の石油ショックなどもあり、世界的規模で経済は混乱した。高率のインフレに襲われ、失業率は高止まりし、成長率は低迷した。その上、たび重なる財政出動により、各国はいずれも巨額の財政赤字を抱え込んでしまったのである。

このような状況下で、経済学者の中にケインズの財政政策に対して疑問を提示する者が現れた。

とくにフリードマンは財政赤字の拡大が通貨供給量を増大させ、インフレを高進させたと主張した。

財政出動のために政府が大量の国債を発行すると、市中の資金が吸い上げられて金利が上昇し、民間の投資が低迷する（クラウディングアウトの発生）。これを防ぐために中央銀行は公開市場操作（買いオペレーション）により貨幣供給量を増加させ、金利の上昇を抑えようとする。このことが結果的に世の中に出回る貨幣量（マネーサプライ）を増大させ、悪性インフレを引き起こしたというものである。

これに加えて、フリードマンは「自然失業率仮説」（↓252ページ注㉕）なるものを提唱し、政府の財政出動による有効需要拡大策は全く無効であるとして、ケインズの財政政策を否定した。

1980年代に入ると、多くの経済学者がフリードマンのマネタリズムを支持する状勢となり、経済学はケインズ以前の経済学に逆戻りするという現象を起こしてしまった。不思議なことに、一学問分野が進歩することをやめ大きく後退したのである。

人間が経済をコントロールするマクロ経済学が否定され、人間が経済に支配される経済学が復活したのである。

クラウディングアウトについては、本書第一部の56ページ〜で述べたように、国債発行額のうち銀行引受分の約4割は、銀行の預金創造によって新たなマネーを生み出して買い取られるのであるから、発行された国債のうち4割は市中の資金が吸い上げられることなく消化されるのである。

したがって、資金需要が逼迫して金利が上昇することは、容易に起きるものではない（↓252ページ注㉖）。

日本では、毎年政府が膨大な額の国債を発行し、現在、国債残高は840兆円を超えているが、ここ20年間金利はゼロ近辺に張り付いたままである。クラウディングアウトらしきものの徴候もない。

また、日本以外の国でも、大量の国債を発行したことによってクラウディングアウトが発生したという話はほとんど聞かない（↓252ページ注㉗）。

なお、フリードマンは経済状況に応じて政府が裁量的に経済政策を行うのではなく、一定のルールに基づいて一国経済を運営することを主張した。特に貨幣の供給に関しては、あらかじめ定められた一定の増加率に従って貨幣供給を行う「Kパーセントルール」を提唱し

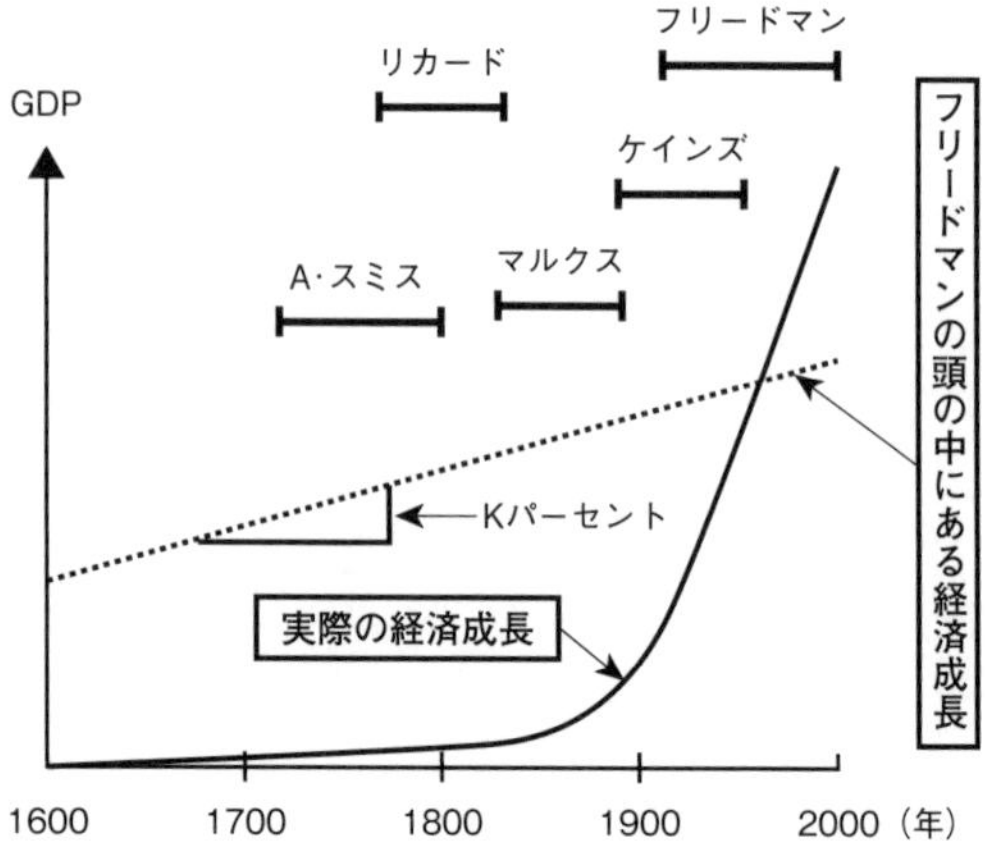

図表㊼

た。

しかし、これらの経済理論は、1970年代に先進各国に共通して起きた異常なインフレをいかにして克服するかという、特定の時代の特異な状況に対処する部分観的理論でしかなかった。経済全体を見通す全体観ではなかった。

図表㊼にあるように、20世紀の後半は人類がそれまで経験したことがないほどのすさまじい生産の増大が起きた時代であった。当然、膨大な量の貨幣が社会に供給されなければ、生産の増大にふさわしい経済成長は達成されることはなかった。

しかし、その生産の顕著な増大と同じ時代を生きたはずのフリードマンは、自分の周囲で産業、経済がどのように変化し、その変化のスピードがどれほどのものであるかについて何の関心ももたなかったようだ。彼は、経済の実体は生産であり、その生産の変化の様態を捉えることが経済学であるという考え方はもたなかった。

彼の頭の中にある経済成長の姿、生産力の変化は、およそ図表㊼に描いたもののようであったと思われる。

遠い過去から現在に至るまで生産力は平均的、比例的に増加してきたという考え方であり、ある一時期に急激に生産力の増大が起きるという発想はなかった。なぜなら貨幣量を少しずつ増加させるKパーセントルール（マネーサプライ管理政策）を提唱するぐらいであるからだ。


1970年代に先進各国で起きた高率のインフレは、二度の石油ショックと賃金の上昇を原因とするものであった。赤字財政及び大量の貨幣供給とは無関係に起きたものだ。一度目の石油ショックの時だけでも原油の価格は4倍にはね上がったのであるから、相当のインフレ要因になった。

また、急激な経済成長、産業の発展、拡大期にあっては、企業の労働力に対する需要は高まるので、当然賃金は上昇圧力を受ける。これらの要因に加えて、人々の心理にインフレへの予想が強く刷り込まれ、実際に高いインフレが具現化したものである。これは経済が急激に成長する時期に過渡的に現れる現象であったというべきもので、その証拠に次の1980

年代には高インフレは徐々に終息していった。
日本では1990年代後半からデフレに陥り、最近ではEU諸国もデフレに向かいつつある。

1970年代当時、マネタリスト達は目の前にある頑固な高率インフレと、財政赤字による貨幣供給量の増大とを単絡的に結び付けて経済理論をうち立てたが、この二つの現象には何の関係性もなかったのである。

彼らは図表㊼にあるように、20世紀後半の現実のGDPの成長、言い換えれば生産力の著しい増大を完全に見落としていた。貨幣量の増加はそのままインフレにつながるものではない。貨幣の大量の増加があっても、それと同等の生産の増大があればインフレにはならない。むしろ、生産の増大分を貨幣価値に換算して貨幣量を増加させせなければ、経済成長は著しく阻害されただろう。

その貨幣量の増加は、財政の巨大な赤字がなければ実現しなかったのである（本書第一部参照）。したがって財政の赤字は本当は赤字ではないということ、単に貨幣の供給量を記録した数字に過ぎないということに、フリードマンらマネタリストは考え及びもしなかった。

よって、財政赤字を積極的に生み出すケインズ理論を徹底的に攻撃し、否定するという過ちを犯してしまったのである。

「幼少年期に植え込まれる固定観念」

幼少年期の体験は、脳に深く刻み込まれ、その後の人間の意識、行動を強く制約する。

子供の頃、500円のお金では1000円のオモチャをどうしても買うことができなかった、500円には500円の力（価値）しかない、500円には1000円の力（価値）がない、ということを思い知らされながら成長して大人になった。お金はモノの価値を規定する、モノよりお金の方が優位にあるという動かしがたい感覚を抱いて。

したがって人間は、国家の税収がたとえば50兆円であるなら、国は50兆円しか支出することができないという判断をする。なぜなら、50兆円には50兆円の力（価値）しかないのであり、50兆円で60兆円分の支出をすることはできないからだ。もし、50兆円以上の支出をするのであれば、超過分は間違いなく借金になる。

そして、借金をしたのならその借金は必ず返さなければならない。国民から借りたお金であるから、もし返さなければ国民に多大の迷惑をかけることになるし、国家の信用が失墜することにもなる。

以上のような、万人がお金に対して抱くこの意識や感覚を一度、疑ってみてはどうだろう。それは幼少年期に情念の奥深いところに植え付けられた固定観念に過ぎないかもしれないではないか。

個人は500円で1000円のオモチャを絶対に買うことはできないが、しかし国家は50兆円の税収で60兆円、80兆円分の支出をすることができる。しかも超過した支出は借金にならない。なぜ借金にならないのか、それは 一国の生産力が増大するから である。

一国の生産力が高まって、ものを2倍生産するようになれば、貨幣量も2倍に増やさなければならない。この時、貨幣量を2倍に増やす権限をもつ者はその国の政府以外にないが、政府はただでお札を刷って貨幣量を増やすので、貨幣量増加分の収益を得ることができる。政府にとってこの収益は税収と同じものになるのである。

結局、政府は一国の生産の増大分の税収（本来の税収とは別の）を得ることができるので、生産の増大分の超過支出をしてもそれは借金にはならない。というより、政府は生産の増大分のお札をただで刷って使用するのであるから、それは借金になりようがないのである。

ところが日本政府は戦後の急激な経済成長（生産の増大）がありながら、一度もお札を刷って増加させることをしなかった。刷って増加（↓252ページ注㉘）させていれば何の問題もなかったが、それをしなかったために途方もない間違い（借金）が生じたのである。

民主的国民国家では、政府が行動しなければ豊かな社会は実現しない

世の中の貨幣量は、政府がお札を刷らなくてもある程度は増加する。なぜなら銀行からお金を借りると、その分だけお金の量が増えるからだ（第一部48ページ「銀行の信用創造」）。戦後しばらくの間は民間が多額の銀行借入をしたので、貨幣量（マネーサプライ）は順調に増加して一国経済に差し障りは起きなかった。

一国経済が急成長する初期の段階は、民間が活発旺盛に設備投資を行うので資金を銀行から借入れるからだ。

しかし、この状態は永久に続くものではない。やがて生産設備が整い、なおかつ耐久消費財が一般家庭に普及し終わると、企業は投資を控えるようになる（銀行から金を借りなくなる）。

ついには、デフレ経済に突入し、企業は銀行から借入をするどころか、今までの借金をどんどん返済するようになった。なぜならデフレ下にあってはお金の価値は年々上がるので、借金もその価値（マイナスの）を増すからだ。

企業は銀行から金を借りなくなり、そのうえ今までの借入を返済するので、すなわち世の中に出回るお金の量（マネーサプライ）は減っていくしかない。ここに至って、生産は増大するのに貨幣量は減少するという逆比例関係（ヒズミ）が起き、底なし沼のような不況に突入したのである。

確実な経済成長（生産の増大）がある時は、政府は確実に貨幣量が増加する貨幣供給方法（政府紙幣発行方式）を取らなければならない。これほど重要な役割を政府は放棄し、いきあたりばったりの民間の経済活動にその役割を委ね続けてしまった。

一国経済は、総生産（総供給）と総需要が一致する時に最も良好な状態となるが、この状態は自然に生じるものではない。特に生産が著しく増大する時、需要は生産に追いつかないことが普通である。

しかし、国全体のお金の量は、自然に増えるということはない。あるいは、国全体の生産力が高まったのでお金が自然に増えるということはない。お金は人間が意図的に増やさない限り増えない（→253ページ注㉙）。

たとえば、大量にモノを生産する工場の横で、その激しい生産に感応して空気中からお札が湧いて出てくるということはない。

そんなあたり前のことは、言われなくてもわかっていると言うだろうが、実は多くの人は湧いて出てくると信じているのである。なぜなら、「政府紙幣を発行せよ」と言う者はいないからだ。政府紙幣を発行しなければ、お金は増えようがないのにである。

国民一人一人（ミクロ経済主体）が一生懸命働いた結果、国全体の生産が増大したのであり、政府（マクロ経済主体）はその生産の増大分を調査、集計して国民の代表として生産の増大分の貨幣を発行しなければならない。

なぜなら、政府以外に貨幣を発行する権限をもつ者はいないからだ。政府が正しい行動をとらなければ、どんなに国民が働いて生産が増大しても国民は永久に豊かになれない。ここに政府の重要な役割があるのである。

マネタリストが主張するような小さな政府であれば、国民は永久に豊かになれない。

【ケインズ】

再びケインズに登場してもらおう。1930年に書かれた評論「孫の世代の経済的可能性」（『ケインズ説得論集』収載、山岡洋一訳、日本経済新聞出版社、2010年、210〜213ページ）に次のような記述がある。

「近い将来に、つまりわたしたちが生きている間に、農業、鉱業、製造業の生産をすべて、これまでの常識と比較して、わずか四分の一の労働で達成できるようになるだろう。」

「いま、世界は新しい病にかかっているのであり、聞いたことがなかった病名だという読者が多いだろうが、……技術的失業というのがその病名である。省力化の手段を見つけだすペースが速すぎて、労働力の新たな用途を探すのが追いつかなくなるために起こる失業が、技術的失業である。」

「以上の点が意味するのは、長期的にみて、人類が経済的な問題を解決しつつあることだ。百年後の2030年には、先進国の生活水準は現在の四倍から八倍になっていると予想される。」

「結論として、大きな戦争がなく、人口の極端な増加がなければ、百年以内に経済的問題が解決するか、少なくとも解決するとみられるようになるといえる。」

「人類は自然によって、人間がもつ衝動や根深い本能によって、経済的な問題を解決する目的に適した方向に進化してきたのである。経済的な問題が解決されれば、人類は誕生以来の目的を奪われることになろう。」

「今風の言葉を使うなら、『ノイローゼ』が一般的になると予想しなければならないのだろうか。」

ケインズは、今から85年も前、第一次大戦と第二次大戦の間の時期に、すでに将来の生産の著しい増大と、それによる社会の変化を予測したうえ、ノイローゼの心配までしている（図表㊼中のケインズの歴史上の位置を参照）。

あるいは、生産能力が高まりすぎて、生産可能なものはすべて生産し尽くしてしまったために、1930年代の世界大恐慌が起きたということ、先進各国はいずれも生産過剰に陥り、その販路を求めて次の世界大戦への道を歩みつつあることにも気付いていた（『繁栄への道』1933年）。

1920〜30年代はまだ現在のような電気製品はほとんどなかったうえ、自動車の普及率も非常に低かった（アメリカだけは自動車はかなり普及していたが）。すなわち、この時代に生産可能なものの種類数は現在と比べて相当少なかったので、当時の低い生産能力（現在と比べて）でも生産過剰が起き、労働者は多数失業し、賃金の合計額は減少し、GDPは縮小したのである。

言い換えれば、この時代においてこの時代独自の「市場原理の限界」を超えていたということだ。

ケインズの使った「技術的失業」という言葉の中には、これだけの意味が込められていたのである。1930年代の世界大恐慌を単なる景気循環型の不況（恐慌）としては捉えていなかった。資本主義が発展すると、いずれ到達する究極の段階「市場原理の限界」であることを見抜いていたのだ。

ところで、マルクスはケインズよりさらに60年以上前に『資本論第一巻』（1867年）において「資本主義的蓄積の一般的法則」なるものを説いているが、これは資本が蓄積されるにつれて、失業者が増大するというもので、やはり「市場原理の限界」を予見したものであると言える。

ただし、機械が増えれば人間の労働は不要になるというだけのことであるから、「市場原理の限界」は難しい理論でもなんでもないのである。

「格差について」

主流派経済学の言うように規制を緩和し、政府の介入を少なくして、市場のメカニズムに委ねれば競争原理が働いて経済は発展するというものでは決してない。

市場のメカニズムを信頼しすぎて、人為的措置を怠れば、経済現象は人類に対して牙をむく。

市場メカニズムは、一定の条件下においては経済発展に貢献するが、無条件に貢献するものではない。もし国家が経済への介入を極端に減らし、市場メカニズムに経済現象の成り行きの大部分を委ねた場合、社会はたちまち一握りの大金持ちと、大多数の貧乏人の構成になる。

仮に、1%の大金持ちと99%の貧乏人という社会を考えてみると、この社会はすぐに破綻する。なぜなら、1%の大金持ちがどんなに大量の消費を行っても、人数が少ないので社会全体としてはわずかな消費量にしかならないからだ。残り99%の貧乏人は、生存するための最小限の消費しか行わないので、人数は多くてもやはりわずかな消費量にしかならない。

結局、両方を足し合わせても社会全体としてはわずかな消費（需要）にしかならないので、生産は削減につぐ削減となり、ごくわずかの生産をして、ごくわずかの消費が行われる経済社会ができあがる。すなわち、国内総生産（GDP）が極度に縮小していく社会である。

これが市場メカニズムを野放しにした時に実現する、経済が発展するどころか衰退する一方の貧しく悲惨な社会である。明らかに大多数の人々が中程度の所得のある社会が、経済的には最も豊かになるのである。

したがって、現実においても、多くの国々では累進課税制度による所得の再配分や、社会保障制度などによって格差が広がらないように、工夫しているから、いずれの国でもGDPは縮小することなく、拡大しているのである（↓253ページ注㉚）。

市場メカニズムのおかげで経済がうまくいっているのではない。市場原理が暴走しないように、数々の人為的措置、すなわち国家による経済への介入があるから、まがりなりにも一国経済の発展があるのである。

【構造改革】

そのうえ、主流派の考え方は事態をより一層悪くする方向に力を発揮する。なぜなら、GDP低下の原因を生産性の停滞にあるとして、生産性をより一層高めることを目指すからだ。規制緩和を推進し、市場の競争原理が働きやすいように社会構造を変革する構造改革路線へと突き進むからである。

しかし、生産性を高める努力をすることは逆効果にしかならない。現在の日本は、生産能力が高まりすぎたために労働力が余り、賃金が低下してGDPも低下しているからだ。

本書176ページの図表㊶で示したように、日本の1人当たりGDPが3位から19位に転落したのは、ちょうど規制緩和、民営化などの構造改革を推進した時期に重なっているのを見てもそれはわかる。

たとえば、この時期の規制緩和によって、サービス産業部問にどのような変化が起きただろうか。

「大規模小売店舗法」が改正され規制がゆるめられたことにより、スーパー、量販店、ホームセンターが各地域に進出し、多数の自営小売業者（金物屋、瀬戸物屋、雑貨屋、八百屋、くだもの屋、魚屋、米屋、酒屋、タバコ屋、電気店、家具店など）が廃業した。これは一見、小売業全体が効率化され、商品の価格も低下し、人々の暮らしに良い効果をもたらしたように思えるかもしれないが、事実はその反対である。なぜならこれらの効率化は、人々の働く場を奪い、そして所得を奪ったからだ。

廃業した自営業者の消滅した所得の総額分が、日本全体の需要を減少させGDPを低下させた。そのうえ、自営小売業という消滅した職業の数ほど仕事の数が減ったことにより、なお一層労働力は供給過多となり、賃金低下の原因となった。

構造改革による効率化は、良い効果を生むより、むしろマイナスの効果を生んだのである。

技術進歩による著しい生産の増大自体が、すさまじい効率化であるのだから、これだけでも十分働く場を減少させ、賃金を低下させる。この上なお構造改革によって効率化を進めてはならない。

むしろ、規制を設けて自営業の消滅を止めるべきだ（たとえば、かつてのように許認可制を復活させて、酒は酒屋だけ、米は米屋だけでしか販売できないようにするなど）。

「先人の遺産」

なるほど、中間層が多いほど一国全体はより豊かになるだろう。がしかし、人間には個人によって能力差がある。能力の高い者は高い収入を得るだろうから金持ちになるのであり、反対に能力の低い者は低収入に甘んじなければならないだろう。よって、貧富の差が生まれるのはあたり前であり、無理に格差をなくして平等な社会を目指そうとするのはおかしいのではないか、という意見がある。

これは、もっともな考え方のように思えるが、よく考えると実は浅薄な考え方でしかない。

まず、現在我々が享受することのできる豊かさは、いったい誰がいつどのようにして築いたのかということについて考えてみなければならない。

モノを製造する生産設備は、物理学、化学などの科学上の数々の発見と、それを応用する無数の技術上の発明、工夫によって進歩発展してきたが、これらの発見、発明、工夫の大部分は過去の人々、すなわち我々の先人によって考え出され生み出されたものである。我々現代人が生まれる前にすでに、現在の社会の物的繁栄の大本になる部分はでき上がっていたのである。

現代に生きる人間のなしたことは、これら先人の業績をそのまま譲り受け、その上にほんの少し工夫、改良を加えた程度のものであるに過ぎない。

たとえば、世界的に有名なコンピューター会社のCEOは、会社発足当初コンピューターを巨大化、セントラル化する方向に事業を発展させるのではなく、個人が手軽に扱えるパーソナルコンピュータータイプとして開発、販売してそれが大ヒット商品となり、このCEOはスーパーリッチになった。

しかし、このCEOはコンピューターを発明したわけではない（↓253ページ注㉛）。誰かが発明したものに少し工夫を加えただけである。

あるいは、農業における品種改良、肥料や灌漑設備、その他の農業技術の進歩は、工業技術よりはるかに古い歴史がある。長年月にわたる先人の努力工夫によって、我々はおいしくて豊富な種類の農産物を食べることができるのである。

実に、現在世の中に存在する豊かさのうち、現代の人間がつくりあげた部分は思いの外、わずかでしかない。要するに我々は、先人の遺産によって、豊かな生活、便利で安楽な生活を送ることができているのである。

決して現代人が、現在の豊かな社会を一代ですべて築きあげたのではない。

以上のことが我々に示唆するものは何であろうか。すべての人間が先人の遺産を平等に受け取る権利があるということだ。ごく少数の人間が先人の遺産を独占する理由、根拠はどこにもない。

たとえば、親が子に遺産を残した場合、子供が三人いれば通常遺産は平等に三等分されるだろう。それが最も道理にかなっているからだ。一人の子供が遺産を一人占めにしたとすると、それは非難されてしかるべきだ。

したがって、少数の大金持ちと多数の貧乏人という社会構造は道理に合わないのである。

また、先人の遺産は、モノの生産にかかわる分野に限定されるものではない。社会の制度、仕組み全般にまで渡るのである。

法律及び司法制度は、文明の歴史と同じぐらい長大な年月をかけて試行錯誤を繰り返しながらようやく現在の形になった。もし優れた法律がなければ、社会はただ混乱するばかりで、富の蓄積などあり得ない。法律の条文の中には、過去の無数の人々の経験と英知が凝縮されているのである。

経済活動が円滑に行われるために金融制度が発達した。銀行、中央銀行が設けられ、大口の商取引あるいは遠隔地の取引であっても、人々は現金を持ち歩くことなく安全にしかも迅速に決裁を行うことができる。この制度はどれほど経済発展に貢献しただろう。その他の数々の有益な金融制度も多数の人間が長年月（数百年）をかけてつくりあげたものである。

国家の政治形態、今日の議会制民主主義に至っては、革命や内戦などで多くの人々の血が流され、ようやく形づくられたのである。

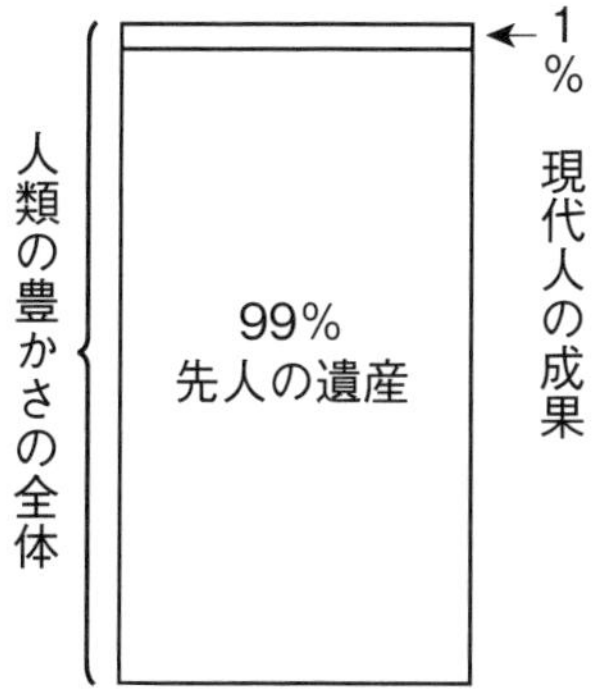

図表㊽

このように生産制度のみならず社会制度まで加えると、現在の社会の繁栄、豊かさ、富のうち実に99%は先人の無量無数の労力によって構築されたものと言っても過言ではないだろう（図表㊽）。

そうであるなら、現在ある社会の豊かさの99%は先人の遺産として現在の全人類が平等に相続しなければならない。

そして、残り1%の豊かさを個人の能力あるいは貢献度の高さに応じて、比例配分的に分配すればよいことになる。

結局、極端な格差が生まれる理由、根拠はどこにもない。

たとえ極めて重要なポストにあって、重い責任と高い能力を要求される地位にある者であっても、平均的所得の10倍以内で十分なのではないだろうか。

所得のみならず、資産についても同様で、現在スーパーリッチは平均の何千倍、何万倍もの資産を保有しているがこれも道理に合わない（↓253ページ注㉜）。


以上のことから極端な格差はなくさなければならない。

しかし、現実に格差があるのだからしかたがないではないかと言うのであれば、累進課税の比率を高くし、財産税を課せば簡単に格差は解消できる。

しかしそんな法律をどうやって通すのかと言うのであれば、多くの国々は民主国家であるので、多数の国民の合意があれば容易に実現できる。

得られる報酬に差がなくなれば、能力の高い人間はその能力を十分発揮しなくなるだろうから、社会の進歩は停滞するという考え方があるが、日本の高度成長期を思い出せばよい。

この時代の日本は累進税率は非常に高く、高額所得者は収入の9割ぐらいを税金に取られたが、それでも日本はものすごい勢いで経済成長した。

さらに、北欧のノルウェー、デンマーク、スウェーデン、フィンランドなどの国は戦後数十年間も高福祉、高負担政策を続けてきたが、いずれの国も1人当たりGDPでは、OECD諸国中10位以内に入っている（IMF／2007年）。ちなみに日本は19位である。

これらのことをどう理解すればよいのか。

意外に人間というものは、金だけで力を出したり出さなかったりするものではないようだ。なおかつ、先にも述べたように中所得者層が重厚であるほどその国のGDPは高まるのである。

【哲学】

人類は高度に発達した文明社会を築きあげたが、その社会構造は非常に複雑で巨大なものになったので、人間は容易にはその全体象を把握することができなくなってしまった。その文明社会の一部門、一分野を熟知する専門の学者、エキスパートはいくらでもいるが、全体象を把握できる者はいない。

よって、我々は自分が築いた文明社会に翻弄されるばかりで、文明社会をコントロールすることができない。コントロールできないので世界全体に閉塞感が蔓延し、うっ屈して、一部に自暴自棄的行動が発生する。どこかがおかしいのだが、どこがどうおかしいのかわからない。

だが、それもそのはずである。現代人は、久しい以前から哲学を忘れてしまったからだ。ある社会が十分成熟し、やがて矛盾を内抱し、ついに行き詰まりを感じるようになった時、その苦境を打開する力をもつ学問は哲学しかない。もしくは、哲学的思考方法しかない。

哲学は物事の根元、成り立ちを深く究明し、物事の一部分だけではなく、その全体像をいかにして捉えるかを追究する学問である。あるいは誰もが自明の理として信じて疑わないことに対しても、なおそれを徹底的に疑い、もはやこれ以上疑いようがないという地平に到達するまで考え抜く学問であり、思考方法である。

第一部では、日本国の借金1千兆円は実際は借金ではないということを証明した。

第二部では、日本国民は国全体の生産能力を正確に捕捉した所得を得ていないために、25年間で1千兆円もの合計所得を喪失してしまったことを解明した。

これらはすべて、哲学的思考方法によって解明したものである。経済学という学問によって解明したのではない。なぜなら経済学には経済を解明する力がないからだ。本来、経済学にはその根底に哲学がなければならないのである（→253ページ注㉝）。

経済学と哲学、これほど融合しにくい二つの言葉はないと現代人は感じるだろう。主流となる経済学（新自由主義）には哲学らしきものの片鱗すらない。市場のメカニズム、市場原理を経済現象の中心原理に据えると、あとは思考を停止したかのようだ。学問の寄って立つ基盤、根底について全く検証しようとはしない。

よって、新自由主義の行き着くところは、世界的規模で賃金と法人税を下げる競争をすることになる。これは、世界中が貧しくなる競争をしているのと同じことなのである。

もともと、経済学は哲学の中から生まれた一学問分野であった。

アダム・スミスはスコットランド、グラスゴー大学の哲学教授であった。産業革命前のイギリスの経済状況を哲学者の眼で分析し『国富論』を著した。

ヒュームもジョン・スチュアート・ミルも、哲学者であり経済学者でもあった。

マルクスは自分を経済学者であるより、哲学者であると自覚していたようだ。

そして、ケインズも経済学者であると同時に哲学者であった。

経済学は社会全体のうちの経済に関してのみ研究する学問であるから、これは部分観でしかない。よってすぐれた経済学者は、哲学的思索によって全体観を究めようとするのである。

「これからの展望」

さて、我々が今しなければならないことは、資本主義（生産設備発展主義）によって全人類は豊かになったということに、まず気付くことである。

ケインズが予言したように、今日、人類は経済的な問題をほぼ解決したのである。このことに気付かないまま前世紀的経済観、世界観の中にとどまっていてはならない。

人類は第二の段階に進んだのであるから、あふれんばかりの生産力をどこに向け、どんな社会、世界を創り上げるのか模索しなければならない。

◎先進国は後発国の開発援助、経済援助を行い、国家間の経済格差をなくして戦争、紛争、テロの原因をなくす。

◎日本は自然災害が多い国であるから国土強靭化事業を推し進め、それでも被害が出た場合は、政府は迅速にその地域の復興を成し遂げる。

そのための財源は潤沢にあるのだから（日本が保有する生産力に基づく政府紙幣の発行）、東日本大震災後のように遅々として復興が進まないようなことであってはならない。

◎世界的規模で生産が増大すれば、エネルギーなどの天然資源の使用量は増え、それに応じて放出される有害物質も増加し、環境をより一層悪化させる。

これを防止するために、政府（各国の）は研究費を投じて、新しいエネルギーの開発、有害物質の処理方法の開発を進めなければならない。

◎一般の国民の生活、及び労働はどのようになるのか。

機械、ロボットが仕事をしてくれるので、人間は働かなくてもよいという社会にしてはならない。もしそうなれば、ケインズの言うようにノイローゼ患者があふれるだろう。

何らかの理由で働くことのできない者は別として、労働年齢にある者はすべて労働をすることによって、所得を得る社会システムにすべきである。先人の遺産は平等に受け取るのであるが、それは労働によって受け取る仕組みにしなければならない。

人間にとって労働とは極めて重要なものであり、人間は労働をすることによって世の中に価値を生み出し、自己の存在意義を自覚するのである。

では仕事がどんどんなくなっていく時代に、どんな労働をすればよいのか。それはサービス業しかない。製造業は、今後就業人員は減る一方であるのだから。

サービス業としてまず挙げられるものは飲食店があるだろう。高齢化が進むので、介護、医療サービスもますます発展するだろう。その他、今までになかった新しいサービスを考え出すのもよい。人を楽しませ、なごませるようなサービスがこれからは流行するだろう。

近い将来、大多数の人々がサービス業に従事し、おたがいがサービスしあう世の中ができあがるのである。

これが真に豊かな社会であり、この社会はマクロ経済学によってしか構築できないのである。

注釈

①（15ページ）1942年成立の「旧日本銀行法」の条文。1997年に改正された「新日本銀行法」ではこの条文は削除されたが、日本銀行の行動規範は「旧日本銀行法32条」のままであると考えられる。

②（17ページ）財政法第5条により、日銀は国債の直接引受は禁じられている。しかし、一旦市中に出回った国債は買い取ることができる。

③（20ページ）中央銀行創設以前は、紙幣発行の権限は政府が保有していた。政府は政府紙幣（金との交換義務のない不換紙幣）を発行し、これを有力な財源とした。当然、政府紙幣は安易に発行されることが多く、悪性インフレを引き起こす原因になった。このインフレ防止のために中央

銀行が設立されたという説が有力である。先進各国及び日本の政府は、中央銀行設立と同時に貨幣発行の権限を中央銀行に完全に委ね、以後政府紙幣は一度も発行していない。

④（27ページ）　現在の管理通貨制においては、中央銀行の銀行券発行によって保有する資産の利息（運用益）を、通貨発行益と定義するが、これは非常に奇妙である。資産の運用益が通貨発行益であるなら、個人にしろ、企業にしろ、公的機関にしろ、資産を運用して収益をあげる者はすべて通貨発行益を得ることになってしまう。そうではなくて、通貨発行益とはあくまで、貨幣の額面から製造費を差し引いたものであって、運用益ではないはずである。

すなわち、現行の中央銀行制度にあっては、中央銀行は銀行券を発行しても、通貨発行益は得られないのである。

⑤（45ページ）　通貨に関する基本法『通貨の単位及び貨幣の発行等に関する法律』第4条「政府の貨幣発行特権」に基づく。

⑥（51ページ）　ただし、無制限に預金創造ができるわけではない。預金準備率規制とＢＩＳ規制の二つの規制がある。

⑦（54ページ）　日銀は、現金（銀行券）を発行し、これを銀行に供給する。銀行はこの現金を元に預金を創造するが、銀行は現金そのものを造ることはできない。現金（銀行券）は日本においては唯一日銀だけがこれを発行する権限を保有する。

⑧（59ページ）　マネーサプライ（M2＋CD）とマネーストック（M2）は、ほぼ同じ。2008年よりマネーサプライからマネーストックに名称が変更。

図表㊾

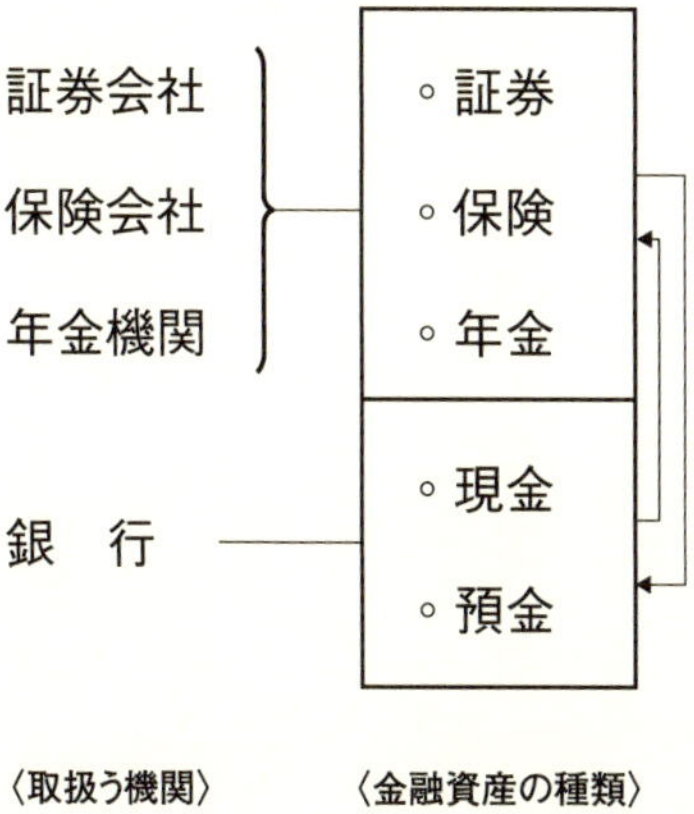

⑨（68ページ）　証券、保険、年金などの金融資産は、現金、預金の移動の反対方向に発行されるもの。現預金の移動証明書と考えられる（図表㊾）。

⑩（70ページ）　ただし、銀行制度施行当時は、金《きん》本位制であったので、銀行からお金《かね》を借りたと表現するよりは、金《きん》を預けてそれと引き換えに銀行券を受け取ったと表現する方が正しいかもしれない。

⑪（92ページ）　ただし、企業が外国から機械や原材

料を購入するために必要な外貨を借り入れるのは別であるが。

⑫（92ページ）　昭和30年代（1955～1964年）の高度経済成長期、民間の各種産業の勃興による膨大な資金の需要に対して、日本国内の銀行は、それに応じるだけの資金量を保有していなかった。

このような場合、通常であれば、中央銀行は各銀行が保有する国債を買い取ることによって銀行券を供給するのであるが（買いオペレーション）、この当時、市中には国債はほとんど存在していなかった。なぜなら、1947年から1964年にかけて、政府は均衡財政を維持していたため、国債を発行する必要がなかったからである（図表⑳、78ページ）。

当然、日銀は買いオペレーションによる資金供給はできない。そうなれば、これから起きるはずの高度経済成長は国内資金不足のため、未達成に終わるしかない。

しかし、ここに変則的ではあるが違法ではない資金の供給方法があった。それは、日銀が各銀行に銀行券を貸し付け、銀行はこれを基に信用創造をすることによって、大量の資金需要に応じるという方法であった（日本銀行も銀行であるので、貸し付けという機能をもっている）。本当は日本国内にはお金はないのであるが、無理やりお金をつくって貸したのである。

ただし、当時の社会は、これをオーバーローンと称して非難した（『日本銀行百年史第6巻』、日本銀行百年史編纂委員会、1986年、74～122ページ参照）。

なお、オーバーローンとは銀行の「貸し出ししすぎ」という意味の和製英語。

⑬（100ページ）国の会計には、一般会計と特別会計とがあり、長期的な事業に関する予算は、一旦特別会計に繰り入れられプールされるが、いずれはすべて支出されて民間に戻る。

⑭（105ページ）日本国債の外国人保有率は約7％（日銀「資金循環統計」、2010年）。

⑮（109ページ）2002年から2007年にかけて、戦後最長の景気拡大と言われた期間があるが、これはアメリカの住宅バブルという外需要因によってけん引された一時的な輸出拡大による好景気に過ぎないので、日本経済の実態とはいえない。あくまで、傾向線の方がより日本経済の実状を表している。

⑯（110ページ）貨幣供給、すなわち国債発行は1990年代の末から、ほぼ一貫して30兆円以上行っているので、国の借金の形をとった貨幣供給は不十分とはいえない（次ページの図表㊿）。

⑰（112ページ）2007年の雇用者報酬256兆円、名目GDP513兆円。
256÷513×100≒50％

（兆円）

年	国債発行額
1980	14
85	12
90	7
95	21
96	22
97	18
98	34
99	38
2000	33
01	30
02	35
03	35
04	35
05	31
06	27
07	25
08	33
09	52
10	42
11	54
12	50

図表㊿：財務省「一般会計公債の推移」より

図表㊿

年	時間数
1980	178.2
1985	179.7
1992	168.1
1997	165.5
2002	163.8
2007	167.6
2011	162.2

製造業常用労働者　月間1人平均労働時間数（事業所規模30人以上）
――厚生労働省「毎月勤労統計調査」より

⑱（116ページ）総所得＝ＧＤＰ

⑲（143ページ）２００９年自民党麻生政権下で行われた。

⑳（159ページ）図表㊿によると、２０１１年時点の労働時間数は１９８０年代と比べて約10％減少している。人員数だけでなく時間数においても生産能

力の向上は表れている。これを考慮に入れると、生産能力の向上は1・5倍を上回るだろう。

㉑（160ページ）他産業の就業人員の減少分も考慮に入れると、生産能力の向上は、1・5倍をかなり上回るだろう。ただし、他産業、特に第三次産業の就業人員の減少分を計測するのは難しい。なぜなら、第三次産業では、新しいサービスが生まれ、そこに新たな人員が就業することになるからだ。したがって、第三次産業全体の就業人員数の時代による変化がそのまま生産能力の変化になるとはいえない。

いずれにしても、生産能力の向上は、実質的には1・5倍を相当上回ると考えられる。

㉒（161ページ）日本の企業や投資家が、海外で稼ぐ利益、利子、配当。企業が海外へ進出すればそれだけ所得収支は増える。

㉓（194ページ）現在、内閣府、日本銀行、IMFは潜在GDP及びGDPギャップをコブ＝ダグラス型生産関数を用いて推計している。

㉔（199ページ）アメリカでは、このソフトはかなり普及しつつあるようだ。日本ではどうかわからない。

㉕（218ページ）　政府が財政を出動して有効需要を拡大すると、企業は一時的に収益が増加するので、それに合わせて雇用を増やすが、いずれ企業は収益増が物価の上昇によって相殺されることに気付いて、雇用を元の水準まで縮小する。結局、失業率は元に戻り、物価の上昇だけが社会に根付くことになるという説。

㉖（219ページ）　その上なお、中央銀行は買いオペレーション（公開市場操作）によって金利の上昇を抑えるので、より一層クラウディングアウトは起きるものではない。

なお、買いオペによる貨幣量の増加は、生産の増大と調和がとれていれば物価の上昇にはつながらない。

㉗（219ページ）　ついでに付け加えると、クラウディングアウトが発生しない以上、マンデル＝フレミング理論も成立しないことになる。

㉘（224ページ）「刷って増加」とは比喩的に表現しているのであって、正確には、政府による政府紙幣発行のことをいう。

㉙（226ページ）　銀行の信用創造を除けば。

㉚（232ページ）　北欧型高福祉国家が、1人当たりGDPで常に上位に位置しているのはこのことを証明している。

㉛（235ページ）　ではコンピューターは誰が発明したのか。これがよくわからない、というよりは、コンピューターの発明、開発には、数えきれないほど多くの人々がたずさわっているのである。

㉜（238ページ）　このような極端な資産格差は、日本より欧米において著しい。

㉝（241ページ）　根底に哲学がなければならないのは、すべての学問分野に共通する。自然科学においても、理論科学者は常に科学の未開拓の領域に分け入るので、たえず哲学的思索を行うのである。

あとがき

私が本書を執筆するまでには、じつに数多くの書物との出会いがあり、そこから得られた示唆や知識も数えきれないほどである。

政府紙幣発行論者としては丹羽春喜氏がそのパイオニアであるが、『日本経済再興の経済学――新正統派ケインズ主義宣言』（原書房、1999年）、『不況克服の経済学――「新正統派ケインズ主義」宣言』（同文館出版、2003年）などの著書によって、たゆまず政府紙幣発行の必要性を説いてこられた。私自身、それらの書籍によって、大いに目を開かされた。

次いで、廣宮孝信氏の『国債を刷れ！』（彩図社、2009年）、『さらば、デフレ不況』（彩図社、2010年）には強い触発を受けて、本格的に経済を追究しようと思いたち、図書館通いの日々を送るようになった。

さらに、三橋貴明氏の数々の著作、及び小野盛司・中村慶一郎両氏の『お金がなければ刷りなさい』（ナビ出版、2008年）などにより、私の脳内にある強いイメージが形となって湧き起こるようになった。

また、金融論を説いた、吉田暁氏の『決済システムと銀行・中央銀行』（日本経済評論社、2002年）は、お金というものの本質とその根源を究明したものであり、深い哲学的思索に貫かれた、学ぶことの多い書であった。

その他多くの書物に触れることによって私が得た結論は、「日本国債は借金ではない」ということに尽きるのである。

本書で述べた私の考えや検証には、賛同してくださる方ばかりではなく、異論を唱える方もおられることと思う。しかし、いずれであれ本書が、日本と世界の未来を、「労働」と「生産」の観点から考えるきっかけやほんの一助となるならば、著者としてそれにまさる喜びと満足はない。

平成二十九年　初秋

岩崎真治

岩崎真治　いわさき・しんじ
1954年山口県生まれ。関西大学文学部第二部中退。各種職業を経た後、二〇代後半で旋盤工に就き、今も現役の職人。五〇歳を迎えた頃から、かねてより関心をもっていた経済の諸相について独自に研究と検証を重ね、現在に至る。

日本《にほん》国債《こくさい》は国《くに》の借金《しゃっきん》ではなく通貨《つうか》発行益《はっこうえき》であることを証明《しょうめい》する

二〇一七年一〇月二〇日　第一刷発行

著　者　岩崎真治《いわさきしんじ》
発行者　堺　公江
発行所　株式会社　講談社エディトリアル
郵便番号　一一二-〇〇一三
東京都文京区音羽　一-一七-一八　護国寺ＳＩＡビル六階
電話　代表：〇三-五三一九-二一七一
販売：〇三-六九〇二-一〇二二
印刷・製本　豊国印刷株式会社
定価はカバーに表示してあります。
落丁本・乱丁本は、ご購入書店名を明記のうえ、講談社エディトリアル宛てにお送りください。送料小社負担にてお取り替えいたします。

ISBN978-4-907514-87-7